Friedrich Casimir Medicus

Von dem Bevölkerungsstand in Kurpfalz vorzüglich in Mannheim

Friedrich Casimir Medicus

Von dem Bevölkerungsstand in Kurpfalz vorzüglich in Mannheim

ISBN/EAN: 9783743604001

Hergestellt in Europa, USA, Kanada, Australien, Japan

Cover: Foto ©Suzi / pixelio.de

Manufactured and distributed by brebook publishing software (www.brebook.com)

Friedrich Casimir Medicus

Von dem Bevölkerungsstand in Kurpfalz vorzüglich in Mannheim

Von dem Bevölkerungs-Stand in Chur-Pfalz vorzüglich in Mannheim

Frankfurt und Leipzig
1769.

Dem
Hochgebohrnen Reichsfreyherrn
Herrn
**Peter Emanuel
von Zettwitz,**
Herrn zu Liebenstein ꝛc. ꝛc.
IhroChurfürstlichenDurchlaucht
zu Pfalz Obrist Cämmerer, Geheimen Staats
und
Conferenz Minister
wie auch
Ober-Amtmann zu Neustadt
Ritter,
des St. Huberti Ordens

Meinem gnädigsten Herrn

Hochgebohrner Reichs-
freyherr
Gnädiger Herr.

Mehr als eine Ursache bewegen mich, dieses Werkgen Ew. Excellenz unterthänigst zu widmen, und unter Höchstdero Schutz solches bekannt zu machen; aber eine von diesen Ursachen ist so wichtig, daß ich alle andere zu verschweigen genöthiget bin. Die hier vorgelegten Säze sind, wenn mich die Eigenliebe nicht ungemein blendet, sichere Wahrheiten; doch dürften sie vielleicht nicht durchaus von jedem Leser ge-

gebilliget, noch weniger genutzet werden. Ew. Excellenz gnädigster Beyfall und hoher Schutz wird beydes bewerkstelligen.

Ich habe im Verborgenen beobachtet, über das Beobachtete nachgedacht, und, von Vaterlandsliebe entflammt, meine Gedanken niedergeschrieben. Ich sahe in der Bevölkerung wichtige Rückstände. Einem berechneten Bedienten werden dergleichen scharf geahndet: Hier, dachte ich, müssen sie ausnehmend wichtiger seyn. Dort gingen nur die Interessen verloren; Hier aber verschwindet Capital und Interesse.

Ich

Ich wage es also, diese Bemerkungen Ew. Excellenz unterthänigst zu überreichen, und zu bitten, solche als ein schwaches Denkmal meines ehrfurchtsvollen und von ewigen Dank äusserst gerührten Herzens gnädigst anzunehmen. Mein ganzes Leben wird in einer ewigen Bewunderung der ausnehmenden hohen und wichtigen Verdienste Ew. Excellenz dahin fliessen, und ich werde in tiefster Ehrfurcht ersterben

Hochgebohrner Reichsfreyherr

Ew. Excellenz

M.... den 27. Jun. 1769.

unterthänigster Diener
Der Verfasser.
Medicus

Vorbericht.

Ein Zufall hat mir verschiedene Tabellen, an deren Richtigkeit nicht wohl zu zweifeln, in die Hände geliefert. Sie enthielten ein genaues Verzeichnis von den drey Hauptstädten, Landstädtgen, und Dörfern der ganzen Churpfälzischen Lande an dem Rhein. Ich habe diese in verschiedenen Jahren verfertigte Tabellen mit einander verglichen, und über sie nachgedacht. Meine Bemerkungen theile ich hier dem geneigten Leser mit, da das Tabellen-Werk selbsten nicht wohl mitzutheilen ist, oder es wenigstens von mir nicht abhängt, sie bekannt zu machen. Sollten diese meine Gedanken den Beyfall des Lesers erhalten, und zu dem Wohl meines Vaterlandes was beytragen, so wird es mich ungemein erfreuen. Wenigstens darf ich versicheren, daß sie aus einem reinen und patriotisch denkenden Herzen fliessen.

Bemer-

Kurzer Inhalt
von dem Bevölkerungs-Stand in Chur-Pfalz.

Anmerkungen über die beste Mittel, den Churpfälzischen Bevölkerungs-Stand in bessere Aufnahme zu bringen S. 1.

Allgemeine Beobachtungen über den Bevölkerungs-Stand auf den Dörfern S. 23.

Beobachtungen über den Zustand der Bevölkerung der Landstädte. S. 51.

Beobachtungen über den Bevölkerungs-Zustand der Stadt Mannheim seit 1712 bis 1765. S. 54.

Tabellen von Mannheim.

Erste Tabelle. S. 95.

Anmerkungen darüber. S. 98.

Zweyte Tabelle. Zahl der Catholischen, Lutherischen und Reformirten Gemeinen vom Jahr 1712 bis 1765. S. 99.

Anmerkungen darüber. S. 100.

Drit-

Dritte Tabelle. Bestimmung der verschiedenen Fruchtbarkeit der Ehen. S. 107.

Anmerkungen darüber. S. 108.

Vierte Tabelle. Verhältniß der jährlich getrauten Ehepaare. S. 118.

Anmerkungen darüber. S. 119.

Fünfte Tabelle. Grösse der Bevölkerung von 9 zu 9 Jahren. S. 122.

Anmerkungen darüber. S. 123.

Sechste Tabelle. Zustand der Catholischen Gemeine. S. 131.

Anmerkungen darüber. S. 132.

Siebende Tabelle. Zustand der Lutherischen Gemeine. S. 138.

Anmerkungen darüber. S. 139.

Achte Tabelle. Zustand der Reformirten Gemeine. S. 142.

Anmerkungen darüber. S. 143.

Schlußfolgerungen. S. 146.

Ueber den

Bevölkerungs-Zustand

in Chur-Pfalz

vorzüglich in Mannheim.

Bemerkungen über die beste Mittel, den Churpfälzischen Bevölkerungs-Stand in bessere Aufnahme zu bringen.

Aus verschiedenen sehr genau gemachten Berechnungen von mehreren Jahren, und ihrer sorgfältigen Vergleichung unter einander, zeigt sich ganz klar, daß die Churfürstlich-Pfälzische Oberämter, einige ausgenommen, entweder in einem Stillstand gewesen, oder gar abgenommen haben; Dieß ist ein höchst gefährlicher Zustand, dem man nicht zeitig genug begegnen kan, und der unsere in dem besten Himmels-Strich liegende Pfalz unendlich entkräften wird. Die Haupt-Ursach dieser Abnahme dünket mir in gewissen Grund-

Grund-Sätzen verborgen zu liegen, die man bis hieher befolget zu haben scheinet, und in gewissen Vorurtheilen, und Gebräuchen, die man nicht das Herz gehabt zu ändern, bloß, weilen sie sich von dem Ehrwürdigen Alterthum herschreiben. Ich will beide berühren.

Was den ersten Punct anbelangt, so mögen eine Menge von einsichtigen Herren nachfolgende Grundsätze hegen.

1. Man muß das Land nicht übersetzen, sonst nimmt einer dem anderen die Nahrung, und keiner kan etwas gewinnen.

2. Arme sind dem Lande schädlich, und man muß, so viel als möglich, das Land davon zu reinigen suchen.

Der erste Grund-Satz ist einer der allerältesten. Man hat ihn so oft und mit so vielem Grund bestritten, daß man allerdings erstaunen muß, wie er bey unseren er-

erleuchteten Zeiten noch Anhänger finden kan, und das gelindeste, was man davon sagen mag, ist, daß niemand diese wichtige Schriften lieset und prüfet, sondern so dem alten Herkommen folget.

Nicht die Größe des Landes, sondern die Art, wie solches gebauet und benutzet wird, macht einen Landes-Herrn groß und mächtig. Was helfen grosse Aecker, wenn man wenig auf ihnen erndet; und ist es nicht bekannt, daß je besser und fleißiger derselbe gebauet wird, je einträglicher ist er seinem Eigenthümer. Damit also der Acker wohl gehandhabt werden könne, gehören viele arbeitende Hände darzu, und wenn diese fehlen, so kan es nicht anders seyn, als er muß eine geringere Anzahl von Früchten tragen. Es ist also schon dem Landesherrn ein beträchtlicher Schade, wenn es an arbeitenden Händen fehlet, jedem Acker in seinem Lande jene Cultur zu geben, deren er fähig ist; aber auch jedem einzelen Einwohner ist es der nemliche Schade; denn je mehr Menschen in einem Lande leben, je stärker ist die Consumtion, und je stärker die einzele Bedürfniß. Der Landmann kan seine Früchten in einem erhöheten Preis anbringen, und der Handwerksmann hat durch die vermehrte einzele Bedürfnisse mehrere Arbeit und Nahrung, so daß unter einer grössern Anzahl Menschen es immer leichter ist, seinen Lebens-Unterhalt zu gewinnen, als unter einer verminderten Anzahl.

Ich kan hier diese Sätze nicht genauer erklären, ich will aber statt eines Beweises jene Bemerkungen anführen, die ich jüngst von der Hand eines Freundes erhalten, die mir sehr treffend geschienen, und die sattsam beweisen, daß nicht allein Teutschland

land nach Millionen an Einwohnern reicher seyn könnte, sondern, daß auch unsere Chur-Pfalz im einzeln betrachtet, solches seyn müßte, wofern man diesen Staat blühend nennen wollte. Teutschland ernährte während der langen Zeit des letztern Krieges, ausser seinen eigenen Völkern, die mächtige Armeen von Frankreich, England, Rußland, Schweden, eine beträchtliche Anzahl von Preussen, Ungarn ꝛc. ꝛc. gleichwolen entstand nirgends Hungers-Noth, und nur an wenigen Orten war es theuerer, als es seyn solte (zu welcher Theurung die damals herumgehende schlechte Münz-Sorten, vorzüglich die Preußische, das meiste beytrugen) obgleich die Verstörung der Felder, der Mangel des Acker-Viehes, und der Mangel an arbeitenden Händen den gewöhnlichen Ertrag an wachsenden Früchten unendlich verminderte. Teutschland kan also

also nicht nur eine Menge von Menschen mehr ernähren, als es wirklich hat, sondern es würde eben dadurch noch fruchtbarer werden; dies beweisen die traurige Zeiten, so auf den 30 jährigen Krieg erfolgten. Obgleich damals Teutschland an leeren Feldern reich war, und wenigstens ein Drittel Unterthanen weniger hatte, so konnten doch die Einwohner aus dem noch wie jetzo nicht grösser gewordenen Lande ihren Lebens-Unterhalt nur höchst-kümmerlich gewinnen, es war an allem Mangel, und selbsten die herrschaftliche Gelder so gering, daß ihr Staat sehr ins Kleine und lächerliche fiel, wovon man Beyspiele genug erzählen könnte, das aber allein anführen will, daß die S.... Gesandten nicht allein zu Fuß zu dem Friedens-Congreß gehen müssen, sondern auch ihre höchst-kümmerliche und lächerliche Kleidung auf dem Rücken sich dahin

hin tragen liessen. Die Noth und das allgemeine Elend war so groß, daß man nicht, ohne von dem innersten Mitleiden gerührt, solches überdenken kan, und trotz der vielen Felder war doch die Fütterung so gering, daß man, um das kümmerliche und schlechte Viehe zu erhalten, Strohdächer abdecken mußte. Hier sahe man deutlich, daß es an arbeitenden Händen fehlte, die willige Erde zu bauen, die damals so gerne reiche Ernden würde abgeworfen haben, als jetzo, wenn man sie nur gehörig hätte bearbeiten können. Aber unglücklicher Weise, statt den Mangel der Einwohner zu empfinden, klagte man auch damals schon über die Menge derselben, und dis verursachte, daß Wiliam Penn, dieser bekannte Entvölkerer von Teutschland, eine so erstaunende Menge von Einwohnern aus Teutschland ausführen konnte, da doch solches einer neuen

Bevölkerung selbsten nöthig gehabt. Jeder Einzelne Landes-Herr, dem Wiliam Penn seine unvermögende Leute ausgeführet, freute sich innerlich, daß er nun sein Land so vortreflich von der Armuth gereiniget, da er doch eben dadurch sich und seinen Einwohnern die empfindlichste und tödtlichste Wunden beygebracht. Chur-Pfalz litte damals beträchtlich, daher entstand auch die Gewohnheit, die man bis hieher beybehalten, die meisten Emigranten in Holland und England Pfälzer zu nennen.

Wenn man also diese betrübte Zeiten, so auf den 30. jährigen Krieg wegen Mangel an arbeitenden Händen folgten, und zu gleicher Zeit die Menge Menschen überdenket, die durch unsern Ueberfluß an Früchten in den letztern Kriegen sind genähret worden; so erhellet hieraus meines Erachtens ganz klar, daß zu der Wohlfart und inneren

ren Reichthum eines Landes eine Menge von Unterthanen gehöre, und daß so wohl der Landes-Herr, als die Einzeln beglückt sind, wenn man diese Regeln befolgt. Ich will jetzo weiter nichts davon reden, weilen ich unten diese Materie wieder ergreifen muß, und den zweyten Punct untersuchen.

Dieser zweyte Punct ist der Bevölkerung eben so nachtheilig, als der erste, er zeigt aber von jenen, die ihn behaupten, noch weniger Beurtheilungskraft an. Arm ist niemand zu nennen, der fleißig ist, und einen Geist der Oeconomie hat, wenn er auch nicht einen Kreutzer besitzen sollte. Ich könnte das mit einer Menge von Beyspielen beweisen, aber ich mag mich in Special-Benennungen nicht einlassen. Indessen frage ich einen jeden, wer die Eltern unserer jetzigen reichen Bürger in Mannheim waren? so werden Sie sehen, daß solches

Handwerks-Gesellen und Mägde, oder doch arme Leute gewesen, deren ganzes Capital oft nichts, als der Vorsatz fleißig und haushälterisch zu seyn, war. Sie befolgten diese Grund-Sätze theils aus Noth, theils aus gutem Willen, und hinterliessen ihren Kindern ein beträchtliches Vermögen an baarem Geld, oder liegenden Güthern. Ich weiß zwar wohl, daß die Liebhaber des Alterthums gleich sagen werden: Ja, damals war es eine andere Zeit, damals war noch Geld zu verdienen, aber jetzo ꝛc. Und da erheben sie einen gewaltigen Lermen über die gegenwärtige schlechte Zeiten. Diesen Herren muß man sagen, daß ihr alter Gesang grundfalsch ist, und daß ich genug noch lebende Bürger kenne, deren Vermögen bey ihrer Verheirathung etwas mehr als nichts gewesen, und die sich jetzo in den gesegnetesten Umständen befinden. Ja, ich muß

muß sagen, daß ich eine Menge von jungen Bürgern kenne, die erst seit 10 Jahren ihre eigene Haushaltungen angefangen, und die jetzo schon auf dem Weg sind sehr reiche Leute zu werden.

Ich habe also aus der Erfahrung bewiesen, daß nichts thörichter ist, als zu glauben, daß der der arm seye, auch arm bleiben müsse, und daß man diesen Leuten deswegen die Aufnahme erschweret. Aber ausser dem sind die Arme einem Staat höchst ohnentbehrlich, und es ist schlimm in einem Staat reich zu seyn, in dem kein Armer seyn darf. Eine Menge von Geschäften würde niemand verrichten, wenn ihn nicht der tägliche Hunger erinnerte, daß es besser seye, diese verächtliche Arbeit zu verrichten, als zu verhungern. Es ist zwar vor jeden Einzeln ein Unglück, arm zu seyn, aber vor den Staat sind sie ohnentbehrlich,

und

und in Chur-Pfalz manglen sie offenbar. Daher fehlet es uns an Taglöhnern, und wenn nicht die Garnison aushülfe, müste man sein Holz selber machen ꝛc. Daher ist der Taglohn so stark, und daher wird keine Fabrick aufkommen, weilen bey so starkem Taglohn es kaum möglich ist, die Arbeit in jenem Preis zu lieferen, in welchem sie andere Fabricken feil bieten. Daher müssen in der Ernd-Zeit, bey dem Heumachen ganze Armeen von Schwaben und Schweizern kommen, die als Taglöhner unsere Früchten helfen einsammlen, weilen es uns an arbeitenden Händen fehlet. Diese halten es nicht vor zu gering, den weiten Hin-und Herweg, zu machen, um jenen Taglohn zu erwerben, vor den unsere hiesige Leute nicht schaffen zu können vorgeben, weilen sie wissen, daß unter der Menge von Arbeit, die man ihnen täglich anbietet, sie

sich

sich nur die bequemste und beste aussuchen dürfen.

Die beste Entschuldigung, die man zum Behuf jener vorbringen kan, die die Armuth nicht leiden wollen, ist, daß sie keinen Unterscheid zwischen Armen und Bettlern machen. — Die Bettler sind dem Staat eine wahre Last, und Policey-Gesetze können nicht scharf genug seyn, um diese unnütze Last der Erde zu vertreiben, und ich sehe mit wahrer Betrübniß alle Woche zweymal diese Bettler-Schaar durch unsere Stadt gehen, die um so weniger hierzu die Erlaubniß haben sollte, da es vielleicht eine Schande ist. — Ich kenne verschiedene von diesem Trupp, und habe bemerket, daß sie vor die beyde Täge Galla-Röcke haben, wo ein Lumpen auf dem anderen sitzt, um die Barmherzigkeit zu erregen, in den andern Tägen aber haben sie bessere Kleidungen

gen. — Ich finde hierinn die Einrichtung der Protestanten viel besser, die einen einzeln Mann halten, der alle Woche in den Häusern ihrer Glaubens-Verwandten herumgehet, und in einer verschlossenen Büchse die Allmosen sammlet, welche nächstdem von einem Geistlichen und von einem Bürgers-Mann unter die wahrhaft Nothleidende sogleich ausgetheilet werden. — Den Nothleidenden muß man helfen, die Steifbettler aber aus allen Kräften verfolgen. — Würde man es bey den Catholischen auch so machen, so würde die löbliche Absicht erreichet werden, ohne daß zum Spectacel aller Fremden diese Bettler-Armee mit Geschrey die Stadt durchliefe — und ich glaube, daß eben diese prächtige Ceremonie den Geist der Faulheit bey gemeinen Leuten unterhalte, weilen sie Hofnung haben, unter diese vortrefliche Trupp mit

mit der Zeit aufgenommen zu werden, bey welcher sie das Privilegium Steifbettler zu werden, bey nahe mit erhalten.

Um also auf meine Materie wieder zu kommen, so wird jeder sehen, daß ein Himmelweiter Unterscheid zwischen Bettlern und Armen ist. Dem Bettler fehlet der Fleiß und der Haushaltungs-Geist, durch welche sich auch das allerkleinste Capital bis in das unendliche vergrössert. Indem man also diese Bettler auf das allerstrengste verfolget, so nöthiget man jeden Armen, der vielleicht ein Bettler geworden wäre, jetzo ein nützliches Mitglied des Staates zu werden, und man kan also nicht freygebig genug seyn, diese Leute in dem Staat aufzunehmen. — In Paris, wo überall an Geld ein Ueberfluß ist, findet man eine solche überflüßige Menge von Armen, daß man sich erstaunet, aber sie würden auch ihre blühende henbe Fabricken nicht haben, wenn sie nicht von diesen Leuten einen beständigen Ueberfluß hätten. — Und bey allem diesen wird niemand sagen können, daß er in der grossen Stadt, die fast vor das Auge eines Policey-Directors zu groß ist, wäre angebettelt worden; So streng ist die Aufsicht; und nur wenige Krüppel haben die Erlaubniß auf der Pont neuf, und einigen anderen Brücken zu bettlen, eine Erlaubnuß, die ihnen auch wird genommen werden. Auch in den Kirchen haben verschiedene die Erlaubniß zu bettlen, woran die Geistliche allein schuld sind, die niemanden die Gelegenheit rauben wollen, ein verdienstliches Werk zu thun.

Ausser diesen beyden hier erregten Grund-Sätzen, die wahrhaftig falsch sind, sind bey uns Deutschen Vorurtheile eingeschlichen, denen wir nicht das Herz haben zu steuren, bloß,

bloß, weilen sie sich von dem Alterthum herschreiben: Zu diesen rechne ich die erschreckliche Handwerks-Mißbräuche ꝛc, ich werde
aber unten davon reden. Ferner rechne ich
hieher die ohnbeschreibliche Anzahl der Feyertäge, an den der Arbeits-Mann nichts
verdienet, aber gleichwohlen Hunger hat,
und gewöhnlich mehr verdauet und verthut,
als an einem Werktag, weilen ihn die Lange-
weile plaget. — In einem neulich erschie-
nenen Werk, der Weise aus dem Mond,
das ein Catholischer Assessor zu Wetzlar in
einem wahren Cammer-Gerichts-Styl ge-
schrieben, und wo er unter der Gestalt eines Romans den Geistlichen allerhand
Wahrheiten saget, finde ich unter anderen,
„ daß die Einsetzung der Feyertäge selbst
„ der Schrift zuwider seye, indem Gott
„ dem ersten Menschen befohlen, sechs Täge
„ sollst du arbeiten, und den siebenten sollst

„du feyeren, gegen welchen ausdrücklichen
„Befehl Gottes die Geistliche nach und nach
„eine solche Menge von Feyertägen aufge-
„bracht, daß sie den dritten Theil des Jahrs
„hinwegnehmen.„ Ich will mich nicht in
diese Untersuchung einlassen, indessen ist
es gewiß, daß diese Feyertäge eine wahre
Land-Plage sind, die den Handwerksmann
immer in kümmerlichen und elenden Umständen lassen. Es heisset in der Schrift, be-
tet und arbeitet; aber wir Menschen, die
vernünftiger seyn wollen, haben es gethei-
let und sagen, den einen Tag solt du beten,
den anderen Tag solt du arbeiten. Ausser
dem, daß ich glaube, daß Gott an keinem
Tag mehr mißhandelt wird, als an eben
den Feyertägen, wo man des Nachmittags
in den Wirthshäusern mehr Böses thut,
als des Morgens verbetet wird, und wo
also die gute Absichten ihrer Stiftungen nicht
mehr

mehr erreichet werden, glaube ich, daß man wirklich untersuchen solte, ob die Kirche das Recht habe, Feyertäge nach Belieben anzuordnen. — Will man diß aber auch nicht untersuchen, so sollte man wenigstens dem Beyspiel anderer Catholischen Regenten folgen. (*) Die die Zahl der Feyertäge unend-

* * * * * * * * * * * * * * * * *

(*) In den sämtlichen Oesterreichischen Erblanden sind die Feyertäge bis auf einige sehr wenige aufgehoben worden. Diese Abstellung hat aber auf den gemeinen Mann einen solchen verkehrten Eindruck gemacht, daß sie diese Neuerung nicht eingehen wollten. Man hat aber von Regierungswegen fest darauf bestanden, die Aufwiegler, auch jene, so den Feyertag absolut feyren wolten, in die Zuchthäuser gesperret, und als die Unterthanen diesen Ernst gesehen, haben sie sich den Gesetzen gefüget, und jetzo denkt man nicht mehr an sie. —

Ernst,

lich, herabgesetzet. Und wenn man sich dieß nicht im Ernst läßt angelegen seyn, so werden auch die besten Policey-Gesetze und Staats-Verordnungen vergeblich seyn, denn es ist ohn-

****

Ernst und Beständigkeit ist hier unumgänglich nöthig, sonst wird aus einer so löblichen Sache nichts. —— Dies will ich mit dem Beyspiel einer protestantischen Grafschaft beweisen. Einige, die das vornehmste der Geschäfte in Regierung derselben besorgten, empfanden den wichtigen und grossen Nachtheil, den die grosse Anzahl der Feiertäge den Unterthanen zufügten, und bewegten den Regierenden Herrn Grafen ihre Abstellung zu befehlen. Kaum war dies geschehen, so verursachten die Geistlichen unter dem gemeinen Mann eine solche Aufstiftung, daß schier keine Haushaltung an den jetzt abgestellten Feyertägen arbeitete, und ob sie gleich nicht in die Kirchen der Grafschaft gehen kon-

ohnmöglich, daß ein Mann in 4 Tagen so
viel verdienen könne, daß er 3 Tage davon
leben solte. Hier ist die erschreckliche Quel:
le der grossen Armuth unter den Catholischen,
und die Haupt-Ursache der guten Umstände,
worinnen fast jede reformirte Haushaltung
sich befindet. Jene ist mit Feyertäge über:
schwemmet, diese hat beynahe gar keine.

Ich

konten, so liefen sie über Feld. Das Gesinde wol:
te endlich gar nicht mehr dienen, indem sie
vorwandten, sie müsten jetzo mehr vor ihre Herr:
schaft arbeiten, und könnten weniger vor sich
thun, und verbingten sich ausser der Grafschaft.
Man bestand gleichwohlen bey acht Jahren auf
dieser Verordnung, kaum aber war jener Be:
diente, auf dessen Rath die Feyertäge waren
aufgehoben worden, todt, so wurden sie wieder
eingeführet, und jetzo ist es wieder bey dem
Alten.

Ich will jetzo meine Beobachtungen über die muthmaßliche Entvölkerung der Chur-Pfalz mittheilen, und zu erst an dem Lande anfangen, und bey den Städten endigen.

Allgemeine Beobachtungen über den gegenwärtigen Zustand der Bevölkerung in den Chur-Pfälzischen Ober-Aemtern, vorzüglich den Dörfern.

Aus den schon angezogenen Berechnungen erhellet, daß ohnerachtet der beträchtlichen Zunahme des Oberamts Alzey und Simmern, gleichwohl das Land im ganzen 861. Familien in Verlauf von fünf Jahren abgenommen. Es ist hohe Zeit, daß man hierüber die Augen öfne, und mit Ernst auf andere Mas-Regeln denke, denn, wenn dieß alle fünf Jahre so weiter gehet, so werden wir bald wieder an die traurige Zeiten, die auf den 30. jährigen Krieg gefolget sind, gränzen. Die Cassen des Landes Herrn werden ohne Hofnung leer bleiben, und der Einwohner Noth und Mangel empfinden.

Ich mag nachdenken, wie ich will, so bin ich nicht im Stande die Ursache zu finden, warum das Land so abgenommen, und es bleibt mir nichts übrig, als die oben angeführte falsche Grund-Sätze zu beschuldigen. Süßmilch gibt sieben Ursachen als gewaltsame Hindernisse der Bevölkerung an, der ich die achte, nemlich: Die verkehrte Begriffe von dem Nutzen der Bevölkerung beifüge. Ich will diese Acht durchgehen. Die erste ist die Pest, oder andere epidemische wie Pest wütende Krankheiten. Dergleichen haben wir in Verlauf dieser 5. Jahren GOtt Lob! nicht gehabt, und auſſer den Blatern war in dem ganzen Land und in der Stadt ein ungemeiner gesunder Zeit-Punct. — Die 2te ist der Krieg. Dieser endigte sich eben,

eben, wo unser Berechnungs-Punct anfängt, und kan also keine Ursach seyn. Im Gegentheil war uns der letzte Krieg nicht so schädlich, indem wir unsere Landes-Producten sehr theuer anbringen konnten, die während der Zeit um die Halbscheid gefallen. — Die 3te ist die Hungers-Noth, worzu GOtt Lob! in Chur-Pfalz kein Ansehen nur von weitem gewesen, oder seyn wird. — Die 4te ist Erdbeben und Überschwemmungen. — Ich weiß nicht eigentlich, ob die letztere in einem oder dem anderen Canton besonderen Schaden gethan; als eine Haupturfach der Entvölkerung kan sie nicht angesehen werden. — Die 5te, die Castration, ist blos vor Italiäner merkwürdig. — Die 6te ist der Ehelose Stand der Geistlichen. Wir haben so viel Manns- und Frauen-Klöster nicht, daß wir daher eine Entvölkerung herleiten können, obgleich

B 5   dies

diese Ursachen zusammen genommen, vor Teutschland eben so wichtig seyn mag, als sie vor Italien, Frankreich und Spanien sind. — Viel merkwürdiger vor uns Pfälzer ist die 7te Ursach, nämlich der Ehelose Stand der Soldaten, und endlich meine 8te Ursach, welche letztere die Haupt-Ursach seyn mag, die durch die 7te mit unterstützet wird.

Um diese 8te Ursach, nämlich die falsche Begriffe von der Bevölkerung aus dem Weg zu schaffen, weiß ich kein besseres Mittel, als nach dem unsterblichen Werk des Herrn Abts jedermann zuzurufen: Leset und prüfet die Werke des Süßmilchs und des Tissot. Gewöhnlich ist der Mangel von Einsicht die Hauptursach; in diesen Fällen muß man sich belehren lassen, und ich wünschte, daß jeder Beamte den Süßmilch nebst noch einigen nützlichen Schriften haben müßte.

Wür-

Würden die vortrefliche Gedanken dieses Mannes einmal allgemein seyn, und bey Regierung jedes Oberamts befolget werden: so müste Chur-Pfalz statt in 5. Jahren abzunehmen, um so viel zugenommen haben.

Hiernächst sollte man meines Erachtens ein Fundamental-Gesetz errichten, nemlich, die Annahme der neuen Unterthanen zu befördern, und die Zahl derselben nach Kräften zu vermehren, weilen, je mehr Glieder, Köpfe, Kräfte und Hände in einem Staat vereiniget sind, je besser das allgemeine und besondere Wohl kan befördert werden, und hievon Ueberfluß und Reichthum allein abhanget. Ich wollte wünschen, daß ich alles das Schöne ausschreiben könnte, was hierüber Süßmilch sagt: aber eine Stelle muß ich gleichwohlen anführen, — Hieraus erhellet, schreibt er
„ daß ein jeder Mensch auch in dieser Ab-
„ sicht

„ sicht einen gewissen Werth erlange, und
„ billig haben müße. Durch seinen Fleiß
„ und Arbeit kan er nicht nur vor sich reich
„ werden, und mehr als den Unterhalt er-
„ werben, sondern er bereichert auch zu-
„ gleich den Staat, und vergrössert den
„ allgemeinen Ueberfluß, die zum Tausch un-
„ entbehrlich sind. Mit einem jeden Un-
„ terthan verliehrt also der Staat, so wie
„ ein jeder Neuer ein Gewinnst vor ihn ist.
„ So wie derselbe entvölkert wird, so
„ wird er in Proportion auch ärmer, da-
„ hingegen derselbe beständig reicher wird,
„ wenn die gegenwärtige Zahl der Menschen
„ sich vermehret, und wenn der natürliche
„ Abgang durch den Tod, durch den Ueberfluß
„ der Gebohrnen, oder auch zugleich durch
„ Colonisten nicht nur ersetzet, sondern auch
„ die vorhergehende Anzahl der Einwohner
„ vergrössert wird. Ein Regent muß dem-
„ nach

„nach diesen Werth der Menschen erken-
„nen, er muß seine Unterthanen zu schätzen
„wissen, er muß seine Unterthanen, wie
„ein Vater seine Kinder lieben, er muß
„nicht allein auf ihre Erhaltung, sondern
„auch auf ihre Vermehrung bedacht seyn.
„So wie ein Vater den Verlust eines Kin-
„des blos aus Trieben natürlicher Liebe be-
„dauret, so muß ein Vater des Landes sich
„betrüben, wenn auch nur ein einziger ver-
„lohren gehet, welcher hätte können erhal-
„ten werden, oder wenn ein einziger nicht
„zur Existenz kommt, den er hätte gewin-
„nen können. Ein jeder neuer Unterthan
„ist eine neue Eroberung. Verhält sich
„ein Regent nicht also um Gottes willen,
„um der allgemeinen Natur willen, so solte
„er doch wenigstens um des Eigennutzes
„willen also denken, und er sollte hier ei-
„nen erlaubten Geitz zeigen. 2c.

Auf

Auf diese Art wäre also meine 8te Ursach aus dem Weg geräumet, die 7te ist eben so leicht zu heben. Vielleicht denkt man nicht, daß der Soldaten-Stand eine so entsetzliche Wunde jährlich unserm Staat beyfüget, ich will es aber beweisen, und bloß die Truppen zählen, die wir hier haben, und die sich von hieraus recroutiren. In der Stadt Mannheim haben wir

1. An Garde zu Pferd		100
2. an Schweitzer		100
3. an Artolleristen		150
4. an Infanterie		4500
5. zu Heidelberg an Dragoner		500
6. zu Lautern an Husaren		100
7. Creiß-Escadron		150
		5600

Von diesen will ich 200. abrechnen, die verheirathet seyn sollen, obgleich diese Zahl schwer-

schwerlich erfüllet ist, die andere sind alle ledig. Diese ledige Soldaten sind der beste Auszug aus unserm Lande, eines theils die schönste und gesundeste Bauren-Jugend, andern theils gewöhnlich vermögliche Leute, weilen die Gratification wohl verbietet Arme anzunehmen. Von dieser Zahl sterben jährlich wegen dem unordentlichen Leben, und ich behaupte auch, wegen der Faulheit mehr Leute, als wenn sie bey ihrem Pflug geblieben wären. Eine grosse Anzahl desertiret, der gröste Theil ist vor das Vaterland verlohren, weilen es ihnen in anderen Gegenden theils besser gefällt, theils sohsten ihren Vortheil finden, theils sich wegen der Strafe fürchten nach Haus zu kommen. — Der Wenigen ihr Vermögen, so nach Haus kommen, ist währender Zeit ihrer Abwesenheit so verändert, daß sie jetzo arme Leute sind, und dem Vaterland

we-

wenigstens keine so taugliche Mitbürger mehr werden können, als sie vor der Desertion waren. — Es ist wahr, viele Soldaten kaufen ihren Abschied, und gehen nach Haus, aber auch dieser Männer Werth ist durch den Soldaten-Dienst vermindert worden. Erstlich konnten sie von ihrer Gage nicht leben, man hat ihnen also von ihrem Vermögen immer beysteuren müssen. Zweytens muß er jetzo seinen Abschied kaufen, dadurch entgehet der Masse seines Vermögens abermals ein Beträchtliches. Der Mann ist also nach seinem Soldaten-Dienst nicht nur ärmer, nein er ist auch zur Bevölkerung untauglicher. In den 3. 4. oder mehreren Jahren ist er des Arbeitens entwöhnet worden, und nun muß ihn erst die Noth wieder darzu treiben. Zudem haben die Debauchen in der Stadt ihn entkräftet, er wird zum Kinder-Zeugen untauglicher, oder seine Kin-

Kinder sind doch wenigstens schwächlicher, und ehender ein Raub der Krankheiten, als die Kinder eines gesunden starken Bauernkerls, der nie die Stadt gesehen, und seinen ganzen Reichthum seiner Frauen mitbringt. — Wenn man alle diese Posten überdenket, so wird man gleich sehen, daß die Einwohnerschafft von Chur-Pfalz viel zu schwach ist, eine so grosse Menge jährlich zu verliehren, und daß eben der Soldaten-Stand, der zum Schutz des Vaterlandes errichtet ist, just jener seye, der am allerstärksten in die Eingeweide desselben wüte, besonders wenn man darzu bedenket, daß die schönste Jugend darzu ausgelesen werde, und daß also die schlechtere Jugend auf dem Land zurück bleibe, und dort die neue Bevölkerung machen solle.

Weit entfernt, daß ich deßwegen den Soldaten-Stand nicht vor unendlich nothwenwendig erkennen sollte, glaube ich, daß man zu seinem Selbstschutz ehender auf seine Vermehrung, als auf seine Verminderung denken müsse, aber ich glaube, es müssen andere Maaß-Regeln ergriffen werden, sonst wird er vor Chur-Pfalz eine der wichtigsten Ursachen der Entvölkerung seyn und bleiben. — Alle diese Absichten aber sind so gleich erreichet, so bald man dem Soldaten das Heyrathen erlaubet (*). Ehe ich

****

(*) So eben als ich diß will zum Druck befördern, bekomme ich ein gnädigstes Rescript vom 8. Febr. 1769. zu Gesicht, in welchem den Regiments-Inhabern erlaubt wird, jedem Soldaten, der entweder eigenthümlich, oder durch die Morgengabe seiner zukünftigen Frauen dreyhundert Gulden an Güthern hat, die Erlaubniß zum Heyrathen nicht zu erschweren, mit dem ausdrücklichen Befehl, daß dergleichen

ich hievon die Vortheile zeige, will ich zu erst die Hindernisse aus dem Weeg räumen. Man sagt, ein verheyrateter Soldat seye eine Last, seine Frau und Kinder vermehren entweder den Troß der Armeen,

* * * * * * * * * * * * * * * * *

chen Weiber in ihrem Geburths-Ort verbleiben, und nicht in die Garnison zu wohnen kommen, denen Männern hingegen erlaubet werde, so lange, als der Dienst ihrer nicht unentbehrlich nöthig hat; bey ihren Weibern auf dem Lande zu seyn. Die Weiber müssen schriftlich angeloben, bey erfolgtem Ableben ihrer Männer keinen Anspruch auf die Gnade des Landesherrn zu machen 2c. Durch dieses gnädigste Rescript wird zwar schon der oben angeführte Nachtheil vermindert, vielleicht könnte aber diese Erlaubniß zum Vortheil des Landes noch ungleich mehr ausgedehnet werden, ohne deßwegen die Beschwehrnisse zu häuffen.

oder bleiben sie zurück, so sind sie Bettler, und also eine Last vor den Staat. „Hierauf antworte ich, daß man, ohne ein grosser Staatsmann zu seyn, mit sattsamer Zuverläßigkeit behaupten könne, wie für Chur-Pfalz wohl schwehrlich zur Grund-Regul werde angenommen werden wollen, daß man sich in alle frembde und weit aussehende Händel mischen, die schönste Landes-Jugend zu fremden Dienst widmen, dahingegen das Vaterland selbsten von seinem nöthigen Schutz entblösen sollte.„

„Seynd also die Chur-Pfälzische Soldaten vielmehr zu eigener Landeswehre bestimmet, so wird sie der geheyrathete Stand von herzhafter Vertheidigung ihrer Habschaften, auch hergebrachter Freyheit ihrer Weiber und Kinderen nicht verhindern, vielmehr wegen eigener Theilhabung an dem Streit anfrischen, und sie standhaft bey ihrer Fahne erhalten. „

Jh-

„Ihre Weiber und Kinder werden weder den Troß vermehren, noch Bettler abgeben. Der Krieg ist annebst ein Uebel, welches nicht zur Grundlage kluger Landsverfassung genommen werden kan, sondern den heilsamen Frieden und die Ruhe bezielen selbst die Kriege, also daß man diesem Uebel, so bald als es möglich, das Ende verschaffen muß, mithin wird die Friedens-Zeit immer die erwünschteste und gröste seyn, worab als dem grösseren Theil die gemeine Regul zu bestimmen ist.„ Zudem sehen wir Oesterreich und Preussen, die gewiß Willens sind, nicht so lange Friede zu halten, als Chur-Pfalz, ihren Soldaten die Erlaubniß zum Heyrathen ertheilen. — Die Hindernisse sind also nichts, die Vortheile aber wichtig. Ein geheyratheter Soldat desertiret seltener, als ein lediger. Da die meiste ein wenig Vermögen haben, so können sie auch wieder

der Frauen bekommen, die Vermögen besitzen, folglich bringen sie eine Masse zusammen, die sich durch Fleiß und Haußhaltung vermehren läßt. Ein geheyratheter Soldat ist fleißig, und sucht was zu erwerben, ein lediger verlangt selten etwas zu thun. Also nutzet ein verheyratheter, da ein lediger schädlich ist. Endlich sind die Soldaten-Kinder gebohrne Soldaten, das Regiment recroutiret sich von selbsten, und hat nicht nothwendig die schöne Bauren-Jugend mit List zu verführen. Sollte ein Krieg entstehen, und Chur-Pfalz nothwendig haben, seine Truppen geschwind zu vermehren, so hat es an Jugend einen Schatz in seinem Land. So aber können bey den wirklichen Umständen die Regimenter sich kaum und mit vieler Mühe vollzählig erhalten. Ich schweige von dem Nutzen, den die Fabriken davon haben würden,

ben, da die Soldaten-Kinder lauter Taglöhner vor die Fabriken abgeben, und man davor allerhand Taglohn Kinder von 15 Jahren bis zu den Erwachsenen bekommen könnte.

Der Schaden von den unverheyratheten Soldaten ist also klar und deutlich, und ich hoffe, daß man ihn beherzigen, und dies harte Gesetze ändern werde, doch ausdrücklich dabey bemerke, daß ein geheyratheter Soldat blos auf seinen Fleiß und Arbeit, gar nicht auf die Gnade des Herrn sich verlassen dürfe, weilen die letztere lauter Tagdiebe und Faulenzer machen würde.

Wenn man nun auf diese Art Chur-Pfalz täglich mit neuen Unterthanen vermehren wird, so muß der Staat auch so viel, als das allgemeine erlaubt, auf ihren Unterhalt denken, und hierzu sind die zwey bekannte Mittel, der Ackerbau, und die Fa-

C 4 bri-

briken gänzlich hinlänglich. „Hierbey verliehret man nicht so viele Zeit unnütz und kostspielig, als bey den Studiis und freyen Künsten, sondern eine jede arbeitende Hand verdienet nach ihrem Fleiß, Kräfften und Geschicklichkeit, auch die lernende verdienen etwas, da es leichtere Verrichtungen giebt, deren ein jeder fähig ist; und nach und nach wird mehrere Stärke des Leibs und Geschicklichkeit erworben, also daß ein jeder Arbeiter tägliche Hoffnung seiner Nahrungs-Verbesserung vor sich siehet, da sein Fleiß seine von ihme untrennbare Stütze ist; wo hingegen ein Gelehrter oder Künstler immer von anderen und Liebhaberen abhanget, ein in dieser Art geschickter Mann öfters keine Beschäftigungen findet, ein mittelmäßiger oder schlecht Befähigter aber entweder dem gemeinen Wesen wenig nutzet, oder gar schädlich wird.„ Was den Ackerbau anbe-

erlangt, so ist derselbe schon in Chur-Pfalz
in gesegneten Umständen, und alles, was
ich darüber sagen kan, lässet sich in wenige
Puncten einfassen.

Zuerst finde ich nichts schädlicher als
die grosse Gemarkungen der Dörfer. Es
ist bekannt, daß nicht die Grösse des Ackers,
sondern die Art seines Bauens die Fruchtbarkeit bestimmt. Wenn nun der Acker so
weit von dem Dorf entfernet ist, so kan
der Bauersmann ihn weder recht düngen,
noch recht jackern, er besähet ihn gleichsam
nur auf gradwohl, und das ist ein unend-
licher Schaden vor den Landesherrn, und
vor den Eigenthümer selbsten. Daher
sind die Aecker, so um das Dorf sind, die
theuersten, und die fruchtbaresten, und so,
wie sie sich von dem Dorf entfernen, fallen
sie am Werth und Fruchtbarkeit, und die
entlegensten sind kaum in einem sehr ge-

ringen Preis. Hier könnte die gute Einsicht eines Beamten gar vieles nützliches schaffen, wenn er auf die Gränzen zwischen zweyen solchen Dörfern neue Dörfer anzulegen suchte. Jene Felder, deren Betrag vorhin sehr gering gewesen, würden itzo an Fruchtbarkeit zunehmen, und es könnten neue Familien reichlich leben, wo vorhin der Boden kaum die Kosten des Baues abwarf.

Die Hindernisse mit den Gemarkungen könnte man schon beylegen, indem dieß keine unverbrüchliche Gesetze sind, auf die der Landesherr geschworen, sondern die er jederzeit nach seiner höchsten Klugheit und Weisheit abändern kan.

Zweytens muß man so viel, als möglich ist, dahin trachten, daß die Felder dem Bauren verbleiben; Selbst der Landesherr sollte nirgends liegende Güter haben. Die

Mayer-

Mayerhöfe der Herrschaften sind nicht so beschwerlich, denn man siehet, daß sie von Zeit zu Zeit wieder feil gebotten werden. Hingegen sind die Güter der Geistlichen vor ewig vor den Bauren und Landesherrn verlohren, da diesen kein Unfall begegnet, und sie niemalen mehr aus ihren Händen kommen. Die Geistliche Administration und die Klöster thun hierinn Chur-Pfalz einen erschrecklichen Schaden, und man solte die letztere Güter mit einem ewigen Auslösungs-Recht belegen. — Süßmich, der selbst ein Geistlicher war, ziehet hier die Worte der Schrifft an, Jes. Cap. 5. v. 8. „We=
„he denen, die ein Haus an das andere
„ziehen, und einen Acker zu dem anderen
„bringen, bis daß kein Raum mehr da
„seye, daß sie allein das Land besitzen. —
Welch eine Menge von guten und reichen Haushaltungen könnte nicht da leben, wo
jetzo

jetzo nur 6. bis 15. Geistliche existiren, die sich das Beten allein zur Pflicht gemacht haben. Beten und arbeiten ist der Befehl der Heil. Schrifft. Ich halte viel auf jene, die diese Gesetze befolgen, und wenig auf die andere, die solches theilen; ich will aber meine Grund-Sätze vor mich behalten.

Endlich finde ich noch eine höchstwichtige Hinderniß des Ackerbaues, und das sind die viele Waldungen, die in verschiedenen Oberämtern noch sind. Ich weiß die Nothwendigkeit des Holzes, aber ich glaube, man gehet hierin zum grossen Nachtheil des Ackerbaues zu weit, und das Resultat davon ist, daß der Herr so viel 1000. Unterthanen weniger hat, als er haben könnte, wenn er diese verminderte. Ich sehe England und Holland und noch mehrere Provinzen einen gänzlichen Holzmangel erleiden, und gleichwohlen in den blühesten

Um-

Umständen sich befinden, ich weiß, daß vormals Teutschland ein Wald, zugleich auch eine Barbarey gewesen, und ich schlieſse daraus, daß das Holz eine Bedürfniß seye, die man einer Menge anderer nicht vorsetzen dürfe. Ein Land, das reich an Waldungen ist, ist sehr unfruchtbar. Die Krafft der Sonne kan den Boden nicht erwärmen, derselbige ist also kalt, und kan nichts hervor treiben. Die gesegnete Winde von Morgen und Mittag können es nicht durchstreichen; daher ist der Boden sumpfigt, und eine ungesunde Luft herrschet beständig da, die Menschen, Vieh und Früchten zuwieder ist. Der emsige Bauer arbeitet sich in solchen Gegenden vor der Zeit alt, aber die Früchte seiner Hände mangeln, denn der gesegnete Einfluß des Himmels muß seinen Fleiß bekrönen, und der fehlet hier beynahe gänzlich. Daher sind dergleichen

Län-

Länder auch arm an Haushaltungen, und die Haushaltungen selbsten sind wieder arm, wenn ich nicht jene wenige ausnehme, die vom Holzhandel leben. Ich habe deswegen das Oberamt Lautern niemals durchreiset, ohne ein inniges Mitleiden zu empfinden. — Ich sahe da die ältesten Eichen fünfzigweise liegen und faulen, weilen sie niemand benutzen konnte. — An diesem einzigen Oberamt siehet man auch den Schaden des Waldes, und man kan hievon auf andere schliessen. — Es wird an Grösse dem Oberamt Alzey nicht viel nachgeben, dieß aber hat 7450. Haushaltungen; Lautern aber nur 3506, also noch um die Halbscheid weniger. Dieß ist ein wirklicher Verlust vor den Landesherrn, der nicht grösser seyn kan — Ich glaube, man könte hier folgendermasen abhelfen. Von allen den Oberämtern, die noch reich an
Wal-

Waldungen sind, solte man genaue Carten machen, und alsdenn das Land gegen Morgen und Mittag öfnen, und die Wälder aushauen lassen. Gegen Mitternacht aber könnten die Waldungen alle stehen bleiben. Auf diese Art würde das Erdreich durchlüftet, und von der Sonne erwärmet, und die gefährliche Nordwinde abgehalten werden. Die Wälder würden jetzo ein Schutz des Bauren seyn, da sie vorhin sein Untergang und Verderben gewesen. Vielen werden diese Gedanken unendlich verwegen scheinen, besonders die gewohnt sind, die tägliche Klagen über den zunehmenden Holzmangel anzuhören; ich habe aber schon die erste Grund-Sätze davon in einer Preiß-Schrifft des Herrn Stapfers vor 8. Jahren gelesen, sie während der Zeit oft und vielmahl überdacht, und allemahl gefunden, daß grosse Waldungen eine entsetzliche Hin-
der-

derniß der Bevölkerung eines Landes seyen, auch wahrgenommen, daß mit Verminderung der Wälder, Glück und Wohlstand in Teutschland zugenommen, und daß eine mit von den erschrecklichen Folgen des 30 jährigen Krieges gewesen, daß das Holz überall zusammen gewachsen, und daß deswegen auch bey erfolgtem Frieden der Acker keine Erndten mehr abwerfen wollte, bis nach und nach die Wälder wieder ausgehauen gewesen.

So bald als der Ackerbau wohl bestellt ist, muß man auf Fabriken, Bergwerke ꝛc. denken, weilen dadurch die Vermehrung der Menschen unendlich befördert wird, eine Menge Geldes, das vor die Nothwendigkeiten sonst ausser Land gienge, im Lande zur Circulation behalten wird, und weilen selbsten der Bauersmann seine Landesproducten in höherem Preis anbringen kan,

als

als wenn die Consumption, die Fabriken verursachen, fehlet.

Früchte sind zu schwehr, als daß man sie mit Nutzen ausführen könnte. — Die Ausführungsköſten vergröſſern ihren Werth dermaßen, daß gleichwohlen dem Bauern davon sehr wenig heraus kommt. Dies sahe ich vor 2. Jahren, als ich auf meinen Reisen zu St. Louis und Basel eine Menge Pfälziſcher Unterthanen antrafe, die ihre Früchten dort zum Verkauf hinführten, von wannen sie nach Italien gebracht worden. Ich erkundigte mich bey den Leuten, die sie feil bothen, sie sagten mir, daß sie sich sehr beglückt schätzten, wenn sie ihren Taglohn heraus brächten, öfters verdienten sie aber kaum die Helfte, wenn unglücklicher Weiß der Früchten auf einmal zu viel aufkämen, und die Aufkäuffer nicht da wären. Fabriken sind also auch

auch in dieser Rücksicht dienlich, um dem Ackerbau aufzuhelfen, man denket auch ernsthaft genug daran, bis hieher aber hat es nur an Händen darzu in Chur-Pfalz gemangelt.

Beobachtungen über den gegenwärtigen Zustand der Bevölkerung der Landstädtgen.

Aus denen Berechnungen habe ich gefunden, daß unsere Landstädte, die Haupt-Orte in jedem Oberamt, merklich abgenommen. — Wahrscheinlicher Weise sind sie aus jenen bekannten Ursachen der Nichtübersetzung so schwach geworden, und dieß ist ein beträchtlicher Schade. Jeder Beamte sollte sich befleißigen, seine Oberamts-Stadt recht ansehnlich zu machen, damit die Unterthanen des Oberamts, die doch immer dahin zu gehen genöthiget sind, dort all ihr Nothwendiges holen könnten. Auch da Chur-Pfalz ein langes schmales Land ist; so haben beynahe jede Oberämter benachbarte Fremde, deren ihr Geld könnte der Beamte selbsten herbey ziehen, wenn er seine Oberamts-Stadt in Aufnahm brächte, anstatt, daß vielleicht jetzo unsere Bauren zu den Fremden gehen, dort ihr Geld hintragen, und ihre Bedürfnisse langen. — Es würde auch eine bessere Circulation des Gelds verursachen, wenn es so aus dem ganzen Inbegrif des Oberamts in die Stadt sich concentrirte, und von da sich wieder in das ganze Oberamt austheilte, als jetzo geschiehet, da es in allerhand Quellen zurück fliesset, und vor niemanden einen beträchtlichen Nutzen schaffet. Man siehet aber deutlich, daß jene Oberämter, die überhaupt abgenommen, auch in ihren Städten schwächer geworden, so, wie jene, die zugenommen, auch in denen Städten zugenommen. Alzey ist hier wiederum die vornehmste, in Zeit fünf

Jah-

Jahren wurde sie 150. Bürger stärker, und ich weiß von mir und anderen, daß dorten alle Tag die Nahrung zunimmt, und es recht reiche und wohlhabende Bürger hat.

Beobachtungen über den Bevölkerungs-Zustand der Stadt Mannheim seit 1712. bis 1765.

Ich lege hier auf der Nebenseite eine Tabelle vor, die von dem Jahr 1712. bis 1765. Jahr vor Jahr die zusammen addirten Zahlen derer Getauften, Gestorbenen und derer Copulirten aus der Catholischen, Lutherischen, und beyden Reformirten Gemeinen enthält. In der zweyten sind alle diese Zahlen von 9. zu 9. Jahren zusammen gerechnet, doch ohne die Mittel-Zahl heraus zu ziehen, weilen ich gefunden, daß der übrig bleibende Bruch die Sache nicht so genau bestimmt. Wer solche heraus ziehen will, darf so wohl in der 2ten als 3ten Tabelle jede Zahl nur mit 9. dividiren, was

her=

heraus kommt, ist die Mittel-Zahl. — In der 3ten Tabelle ist endlich jede Religion besonders von 9. zu 9. Jahren berechnet, um die Zunahme einer jeden einzelen in kurzen Blicken zu übersehen. Bey allen diesen Berechnungen ist die Catholische Garnison jedesmal weggelassen, weilen man billig jene Leute bey Bevölkerungs-Listen nicht mitrechnen darf, die nach den hergebrachten Begriffen, und vermöge ihrem Stand offenbare Hindernisse derselben sind, bey der Protestantischen Garnison war aber solches nicht möglich, weilen sie hier keine eigene Pfarre haben, sondern jeder Kirch mit eingepfarret sind.

Wenn man die 2te Tabelle betrachtet, so siehet man ganz deutlich, daß die Stadt Mannheim in den Jahren 1730. bis 1739. am volkreichsten gewesen. Damahls hatte sie 6071. gebohrne Kinder, und 1455. getraute Ehepaar. Die Anzahl der Sterbenden war aber minder. Seit diesem Zeit-Punct hat so wohl die Zahl der Getauften, als der Ehepaar merklich nachgelassen. Die Anzahl der Sterbenden aber ist täglich stärker geworden, so daß sie in den letzten 9. Jahren auf 6607. gestiegen, zum deutlichen Beweiß, daß die Zahl der Ehelosen sich von Tag zu Tag mehre. Mannheim ist also in einer wahren und beträchtlichen Abnahme, und ob sie gleich in den letzten 9. Jahren 50. Kinder mehr hat, als in den vorhergehenden 9. Jahren, so sind doch die Zahl der Ehepaar um ein beträchtliches schwächer, und die Mortalität so stark, als sie noch nie in Mannheim gewesen.

In der 3ten Tabelle gehe ich sie nach den Religionen durch. Seit dem glücklichen Zeit-Punct von 1738. findet man bey den Catholischen die Zahl der Gebohrnen immer finken, hingegen vermehret sich die Zahl der Verstorbenen zum Erstaunen, so daß beynahe ein Drittel mehr gestorben, als gebohren worden. Eben dieß bemerke ich bey den Lutherischen und Catholischen, aber das Verhältnuß ist ungleich minder, obgleich bey beyden die Garnison mit inbegriffen ist, die die Zahl der Verstorbenen beträchtlich vermehret, und zu der Zahl der Ehepaar und der Kinder gar wenig beyträgt.

Es wäre zu wünschen, die Ursach zu wissen, warum die Stadt in den Jahren 1730. bis 1738. so zugenommen, oder es noch genauer zu wissen von 1734. bis 1737. als in welcher Zeit sie am bevölkersten gewesen. — Vielleicht mag man in selbiger Zeit die Verheyrathung, und die BurgerAnnahm mehr erleichtert, und die Nothwendigkeit hievon damals besser, als nachhero eingesehen haben. — Vielleicht mag auch der Krieg etwas darzu beygetragen haben, indem es auch hier zu Land ein Sprichwort ist: Daß ohne Krieg kein baares Geld im Lande seye. Aber den letzten Krieg empfindet man doch nicht zum Vortheil der Stadt, indem nach der 3ten Tabell es bey den Catholischen, und bey den Reformirten weniger Kinder und weniger Ehepaar, als in den vorhergehenden 9. Jahren gegeben: bey den Lutherischen aber eine kleine Vermehrung von 62. Kindern, und 2. Ehepaaren bemerket wird: eine Zahl, die im ganzen wenig, oder nichts besagen will. — Die Ursache der damaligen besseren Bevölkerung mag nun bestehen, worin sie will, so ist es gewiß, daß Mannheim in einer starken Abnahme sich befindet. Ich wolte von der vermehrten Zahl der Sterblichkeit weniger sagen, weilen das allen Städten gemein ist, daß die Mortalität darinn groß ist. Aber daß sich die Zahl der Ehepaare, und die Zahl der neu getauften Kinder vermindert, das ist eine klare und deutliche Probe der inneren unmerklichen aber gewissen Abnahme der Stadt, der man, so viel als möglich ist, sich zu widersetzen suchen muß.

Ich rechne 3. Ursachen von dieser so schädlichen Abnahme. Die 1te die erschwehrte Burger-Annahme. 2. Die Handwerks-Misbräuche. 3. Die noch nicht erlernte Kunst wohlhabenden und reichen Bürgern ihren Stand erträglich zu machen, da man im Gegentheil denselben ihnen zum Eckel macht. Ueber diese 3. will ich meine Meynung sagen, die erste und 2te aber mit einander vereinigen, weil es schwer ist, von beyden besonders zu reden.

Man

Man will zuvörderst nicht übersetzen; da siehet man so viel Schneider, dort so viel Schumacher, und dann fragt man, wo wollen die Leute sich ernähren. Die Meister aus der Zunft, die ihr eigenes Unvermögen empfinden, und die da fürchten, daß man sie bey Aufnahme geschickterer Meister vergessen würde, lamentiren ewig, die Zunft ja nicht zu übersetzen, und da entstehet denn die Folge, daß eine sehr begränzte Zahl von Meistern in jeder Zunft ist, wodurch in dem ganzen die Bevölkerung vermindert wird und auch die Zahl der einzelen Bedürfniße sich vermindert.

So bald als der Staat, der nur vor das allgemeine sorgen soll, jeden einzelen Mitburger betrachten will, so kommen solche Folgen heraus, die dem Staat nicht andersfer als höchst nachtheilig seyn können. Wer da sorgen

gen will, daß jeder Schumacher eine bemesse=
ne Zahl Kunden habe, der wird eine eben so
ohnmögliche Arbeit übernehmen, als unser
HErr GOtt, wenn er jeder Wäschfrau das ihr
nothwendige Wetter verschaffen wollte. Der
Staat hat vor nichts zu sorgen, als die Leute
anzunehmen, und auf ihre Sicherheit, gute
Zucht zu sorgen, damit sie als gute Burger
bey einander leben. Wie ein jeder einzeler
sich ernähre, das seye eines jeden einzelen
seine eigene Sorge, und dann fängt erst die
Industrie, Sparsamkeit, und gute Haus=
haltung an, die wahre Mutter reicher
Bürger. — Während meinem Aufent=
halt in Paris erstaunte ich über die
Leichtigkeit, womit man jedermann auf=
nimmt, sogar, daß man einer Menge
unvermögender junger Leute jährlich
die Burgerschafft anträgt und schen=
ket

ket (*) da doch ein Teutscher, mit seinen vaterländischen Grund-Sätzen ernähret, glauben sollte, daß alle Zünfte da 10. und mehrfach übersetzet seyen.

Ich habe selbigemal der Ursach mehrmahlen nachgedacht, und endlich gefunden, daß diese Uebersetzung eine der wichtigsten Staats-Maximen ist, die man erdenken kan.

* * * * * * * * * * * * * * * * *

(*) In der Zeit, als ich zu Paris war, wurde auf Befehl des Königs bey 80. jungen Perukenmachern, die nicht im Stand waren, das Meister-Recht zu erkauffen, und die gleichwolen in Paris zu arbeiten wünschten, das Burger-Recht, und die Erlaubnis zu arbeiten geschenkt. Der Herr Sardin, Lieutenant von der Policey, sagte mir auch selbsten, daß sich dies in allen Zünften gar oft ereigne, und daß er jedem jungen geschickten Arbeiter, dem es an dem nöthigen fehlet, gar gerne darzu beförderlich seye.

kan. Indem sie jedem gerne die Freyheit zu arbeiten verstatten, und sie gleichsam anbieten, fehlet es ihnen nicht, daß sie in jeder Art eine Menge der geschicktesten Meister haben. Und eben durch diese hat sich Paris beynahe ganz Europa zinßbar gemacht, das in alle Ecken der Erden ihre Arbeiten hinsendet, und gleichsam aller Orten her mit Arbeiten und Commißionen überschwemmet wird, weilen man wirklich nirgends so viele geschickte Meister, als eben da beysammen antrift. Ich habe darauf eine Menge einzeler Boutiquen besuchet, und habe gefunden, daß die meisten vor Ausländer arbeiten, und sich nicht im Stand wären zu ernähren, wann sie von Paris leben müßten, eine Sache, die mir der gröste Theil von Meistern nachhero gutwillig gesagt. — Durch eben diese Übersetzung der Meister weiß also die Stadt Paris

ris eine Menge auswärtigen Geldes herbey zu ziehen, das sonsten niemalen dahin gekommen wäre, und dies nenne ich wahre Staatsklugheit. Jene Meister, die minder geschickt sind, leben auch recht gut. Indem sie gewöhnlich vor berühmte Arbeiter schaffen, die ihnen nach ihrer Fähigkeit die Arbeiten austheilen, so hat jeder Handwerksmann sein gutes, die meiste aber ihr reichliches Auskommen, obgleich Abgaben, Hauszins, Lebensmittel ꝛc. ungemein theuer sind.

Mannheim glaube ich, könnte hierinn sich Paris zum Muster machen. Es fehlet uns Pfälzern gar nicht an Genie, und zu dem haben sie wirklich sehr vielen Geschmack, welcher sich von der frühesten Jugend an gar deutlich bey ihnen zeiget, und den sie durch das hiesige Hoflager zu bilden Gelegenheit haben. Da wir nun wegen unsern benachbarten Handlungs-Städten

noch

noch zur Zeit wenig Hofnung zu einem ausgedehnten Handel haben, so sollten wir uns billig auf die Verfertigung der Moden-Arbeiten mehr legen, und dieß durch Uebersetzung aller Gattungen von Handwerksleuten in das Werk zu setzen trachten. Wir haben hierzu die beste Situation, z. B. die viele kleine Reichs-Städte, die benachbarte grössere und kleinere Höfe u. s. w. und ich glaube, daß wir darinn in kurzer Zeit große und wichtige Progressen machen könnten.

Diese Absicht zu erreichen, würde aber zu allererst nöthig seyn, die Zunft-Articul von einsichtigen Männern durchsehen, und gerades Wegs in denselbigen ausstreichen zu lassen, was der gesunden Vernunft, und unserem jezigen Zeit-Alter nicht gemäß ist. Es ist kaum zu begreifen, daß man sich durch diese lächerliche Articul so lange Zeit die Hände hat binden lassen, indem alle diese

Articul nur auf das Wohl des einzelen, und auf den Schaden des allgemeinen hintrach: ten. — Ich habe mich öfters gewundert, wie durch dieselbe die junge Anfänger und Bürger sind geplagt worden, wie man sich deren Aufnahme mit Gewalt wiederſetzt, und durch unnöthiges Proceß führen den jungen Anfängern die Zeit und das Geld entwen: det. Wenn endlich dieſe durch Gedult und allerhand Abgaben ihren Endzweck erreichet; ſo haben ſie erſt durch die viele und unnö: thige Zunft-Zahlungen ihr kleines Capital ſo vermindert, daß ſie öfters mit leerer Hand haben anfangen müſſen. Und ich halte es vor eine groſſe manglende Staats: Klugheit junge Leute, denen 1. Kreutzer wichtig iſt, gleich in dem Anfang ſo aus: zuſäcklen, und ſie in die Umſtände zu ver: ſetzen, daß ſie erſt Jahre lang arbeiten müſ: ſen, ehe ſie das wieder gewinnen, was ſie

hier

hier auf eine so unnöthige Art ausgegeben. Aber nicht allein den jungen Anfängern sind die Zunft-Articul zuwider, selbst denen angesessenen Burgern sind sie eine Last, ich könnte Beyspiele häufig erzehlen, ich will aber mit Fleiß hier nur eines, und noch darzu ein entferntes erwähnen.

Ein Kind aus A... mit beträchtlichem Vermögen von, woferne ich mich nicht irre, 7000 bis 8000. Gulden, erheyrathete eine Maynzerin, von dem nemlichen Vermögen. Man nahm sie zu A... als Burger an. Der Mann war ein gelernter Handelsmann. Als er seinen Laden eröfnen, und sich in die Krämer-Zunft begeben wollte, kame diese dagegen ein, und sagte, sie wäre ohnehin schon übersetzet. Das Oberamt sahe diese frivole Klage ein, und befahl der Krämer-Zunft, diesen jungen und reichen Bürger aufzunehmen. - Der

jun-

junge Mann gienge darauf nach Frankfurt, kaufte sich ein, und als er bey seiner Zurückkunft seinen Laden eröfnen wollte, hatte die Zunft, die sich höherer Orten gewendet, durch allerhand falsche Vorspiegelungen einen gegenseitigen Befehl ausgewirket. Das Oberamt berichtete, aber es konnte nichts bewirken, nachdem endlich dieser Proceß über ein Jahr gedauert, kam der Befehl von Hof, dieser junge Mann sollte Burger und Handelsmann in A... seyn. Jetzt will ich einmal den Schaden berechnen, der durch das unbesonnene und frevelhafte Klagen der Zunft bewirket worden. Des jungen Manns grosses Vermögen lage über ein ganzes Jahr still, zudem verkleinerte er das Capital, da er davon leben müssen. Es waren also nicht allein die Interessen verlohren, sondern auch selbsten das Haupt-Capital gemindert, besonders

da

da die viele Reisen hieher, die Proceß-Kosten u. d. m. die tägliche Ausgabe vermehrten. Die Zunft selbsten machte deswegen, wie ich ganz gewiß versichert worden, bey 350. fl. Schulden auf die Lade, ohne denjenigen Schaden zu rechnen, der den einzelen Zunftgenossen durch Versäumniß der Zeit und die Reisen zuwuchs. Wenn man alles dieses zusammen rechnet, so kommt ein Schaden von 1500. fl. heraus, die durch diese einzige Klage verlohren giengen, ohne daß jemand einen Nutzen davon gehabt. Und wenn gleich nicht allemal der Schaden so beträchtlich ist, so ist er doch immer ansehnlich genug, da er sich fast alle Tag ereignet.

Die Zünfte taugen also vorzüglich, eine sehr beschränkte Zahl von Meistern zu erhalten, sie bemühen sich jeden geschickten abzuweisen, unter dem Vorwand, sie nicht zu übersetzen, und eben dadurch geschiehet es, daß man eine Anzahl von sehr mittelmäßigen Meistern, und an sehr geschickten einen wahren Mangel hat, und wer leidet darunter, als der allgemeine Staat? Um so mehr, da niemand in seiner Arbeit kan befördert werden. — In keiner Zunft trift man Leute an, die etwas auf den Kauf vorräthig arbeiten können, im Gegentheil sehe ich gemachte Arbeiten z. B. Schreinerwerk, Schlosserwerk ꝛc. in die Stadt bringen, und dort verkaufen, und an statt, daß durch die Zünfte das Geld in die Stadt kommen sollte, gehet solches wegen Mangel an Arbeits-Leuten zur Stadt hinaus. Und so könnte ich Beyspiele genug anführen, daß es uns in Mannheim an Meistern fehlet, vorzüglich an geschickten. So ist in der ganzen Mauer-Zunft bey nahe kein einziger auf dessen Thun und Lassen, man zeh-

len

len und trauen kan. Ich wette, wenn heute der gröste Baumeister käme, und wollte Mauer-Meister werden, so würde man ihn um der Zunft willen fortschicken, deren Wohl man beherziget, und sonsten jedermann leiden lässet. So sagte mir vor zwey Jahren ein sehr geschickter Sattler in Strasburg, der die schönsten Arbeiten in Kutschen und Chäsen auch hieher nach Mannheim macht, daß er, ehe er sich zu Strasburg setzen wollen, Willens gewesen wäre, sich hier niederzulassen, daß man ihn aber nicht angenommen, weilen die Sattler-Zunft schon besetzt seye, da doch beynahe kein einziger eine erträgliche Kutsche machen kan. Anstatt, daß dieser Mann uns Geld in das Land gebracht, gehen wir jetzo zu ihm, oder andern auf Strasburg, und tragen unser Geld dorthin; und das soll kein Schaden seyn, der dem Staat wehe thut? Dies alles

les sollen wir, um drey oder vier Pfuschern ihren Lebens-Unterhalt zu verschaffen, gedultig ertragen. Und überhaupt, wer mag die Bedürfnisse einer Stadt ermessen, und sagen, so viel Schuhmacher, so viel Schneider haben wir nöthig. Das ist ja lächerlich, und zeigt sehr begränzte Begriffe an. Wenn alle Zünfte übersetzet sind, vermehren nicht diese schon wieder die einzele Bedürfnisse, und machen mehrere Handwerker nöthig? z. B. wenn in jeder Zunft nur ein Meister mehr ist, so hat schon ein Schumacher Arbeit, alle diese einzele Meister mit ihren Haushaltungen mit dem nöthigen zu besorgen, und so gehet es durch alle Classen.

Ich wünschete also recht sehnlich, daß man ein Fundamental-Gesetz machte, alle Zünfte reichlich zu übersetzen, und keinen geschickten Arbeiter abzuweisen, wenn auch von seiner Art schon genug in der Stadt wären. Wenn es auch schon unsere Zunftgenossen nöthigen sollte, den blauen Montag aufzuheben, oder Mittags aus dem Wirthshaus zu bleiben, so wird das ein Schaden seyn, den man schon lang gewünschet. Der Geist der Haushaltung wird sich mehr verbreiten, und die Meister werden sich bemühen, ausser der Stadt Kundschaften zu erhalten, und durch frembdes Geld sich und unsere Stadt zu bereichern. Und denn wird sie blühend werden, und nicht das Geld von Tag zu Tag seltener wie jetza seyn. — Landstädte sollen eigentlich nicht mehr Arbeiter haben, als vor sie und das Ober-Amt erforderlich ist, aber eine Hauptstadt muß durch ihre Arbeiter reich und blühend werden, dieß ist ihr Acker und Pflug, sonsten vermindert sie sich täglich, oder sie kommt wenigstens in einen Stillstand, wie es mit unserer schönen Stadt sich bisher betragen. Um

Um diese Absicht zu erreichen, muß man aber nicht alleine die Burger-Annahme erleichtern, sondern auch die Annahms Zahlungen vermindern. In der Schweiz ist es ein Glück, ein Burger zu seyn, das man öfters mit vielem Geld nicht erhalten kan. Ganz anders aber ist es in einem souverainen Staat. An statt, daß es dort ein Glück vor den Einzelen ist, Burger zu werden, so ist es hier ein Glück vor den Staat, wenn er Burger bekommt. Denn mit jedem Burger wächst die Einnahme des Herrn. Ich finde es deswegen unbillig, daß ein Burgers-Sohn wiederum was bezahlen muß, der doch durch Geburt so viel Recht sollte erlangt haben, auch finde ich die Gelder vor Fremde ausnehmend stark, die sie zur Burger-Annahm erlegen müssen, welche mit denen von der linken Hand, mit den Zunft-Geldern ꝛc. allemal grosse Ca-

pi-

pitalien machen. — Hat die Stadt Schulden, so soll sie vernünftigere Projecten machen, als daß sie die Tilgung derselben jungen Anfängern aufbürdet. Ja wenn es so ein ausnehmender Vortheil wäre Burger in Mannheim zu seyn, so sollte man die Annahme recht erschweren, aber da der Vortheil wenigstens mit zur Halbscheid auf den Landsherrn kommt, so sollte man anlocken, reitzen, und gar nicht erschweren.

Dieses wären also die zwey Punkte, die die Bevölkerung in Mannheim bis hieher gehindert haben. Der dritte ist eben so wichtig. Während meinem Aufenthalt in Mannheim habe ich gesehen, daß die reichen Burgers-Söhne keine Lust haben, Bürger zu werden, daß die Töchter keine Bürgers-Söhne heyrathen wollen, sondern daß Jedermann sich sucht aus diesem Stand heraus zu begeben, so fern er es nur erzwingen kan. Dies ist
die

die Ursach, warum unsere Stadt niemalen kan blühend werden, denn sie bekommt keine gute ansehnliche Häuser, und verhindert sich also auf ewig das Commercium. Anstatt, daß wenn zwey reiche Burgers-Kinder zusammen geheyrathet, und eine grosse Masse von Vermögen zusammen gebracht hätten, wodurch in Handel und Wandel was rechts wäre zu gewinnen gewesen, so wird jetzo das Vermögen aus dem Handel heraus gezogen. Dies ist aber nicht der Schaden allein. Diese Leute wollen ihr Capital nicht ruhen lassen: Sie fangen also jetzo an, damit zu wuchern, werden Juden, und drucken durch ihre unmäßige procento die übrige handlende Burgerschaft. Ich weiß zwar wohl, man beschuldiget hier gleich den Hochmuth. Er mag bey einigen mit Ursach seyn, die wahre aber ist in ganz anderen Dingen verborgen, über welche ich hier meine Meynung sagen will.

Eine von den ersten Ursachen ist, daß man kein gewisses Capital bestimmt, über welches der Burgersmann nicht mehr kan geschätzt werden. Dies Capital ist unbestimmt, und wie ein Burgersmann durch seinen Fleiß und Sorge seine Nahrung vermehret, so kommt man, und drückt ihm von Zeit zu Zeit ein neues Schatzungs-Capital auf, dieß kan nichts anders als Verdruß dem Burgersmann erregen. Die Kinder, die die ewigen Klagen der Eltern hören, bekommen einen Abscheu vor einem Stand, worinn man nach ihrer Meynung ewig gedruckt wird, und fangen frühe an Projecte zu machen, diesem Stand zu entgehen. Daher hat eine Bürgerstochter von Vermögen immer Ausstände an einem Freyer von bürgerlicher Nahrung, ja diese Leute sind ihr verächtlich: Sie würden es ihr nicht seyn, wenn sie gegen den Burger-Stand weniger Abneigung hätte,

hätte, dieß weiß ich aus gar vielfältigen Erfahrungen. Und so gehet es ebenfalls mit den Söhnen. — Die Einrichtung ist hier schön, daß im Anfang das Schatzungs-Capital klein ist, und erst mit zunehmender Nahrung steigt, aber das ist ein Fehler, daß dies Steigen keine Grenzen hat, und der Burgersmann keinen Abend weiß, ob er nicht morgen wieder höher angeleget wird. Und dergleichen Sachen gibt es noch mehr, die den Burgern ihren Stand zum Eckel machen, und jeden, der es im Vermögen zu ändern hat, darzu beweget. Man begegnet dem reichen Burger mit zu wenig Achtung, ja man liebt die Gelegenheit, worin man ihm zeigen kan, daß er doch nur ein einfältiger Burger ist. Ich will nur eine Kleinigkeit anführen, nemlich, daß man den Burger nöthiget, in eigener Person die Maleficanten zum Gericht zu begleiten. In der

Schweitz, wo jeder Burger keine gröſere Ehre kennt, als Soldat vor ſein Vaterland zu ſeyn, könnte man das noch entſchuldigen, aber in einem ſouverainen Staat, wo regulirte Truppen gehalten werden, ſind dergleichen Geſchäfte gar nicht vor Burger geeignet, und wenn man es der Ausgab wegen dabey laſſen will, ſo kan man zufrieden ſeyn, wenn jeder ſeinen Mann ſtellt. Dergleichen Kleinigkeiten machen öfters eine ganze Burgerſchaft rebelliſch, und heißt man dies Aufmunterung, heißt man dies Liebe erwecken? Ich ſehe deswegen Frankreich in neueren Zeiten viel klüger handlen, das um Fleiß und Eifer zu bekrönen, ſeiner Bürgerſchaft Würde und Vorzüge beylegt. Dadurch werden die Söhne und Töchter angereißet, ihren Stand nicht zu verlaſſen, indem ſie allemal mehr bey demſelben gewinnen können. Wollte man das in Mannheim

heim nicht thun, so sollte man doch wenig:
stens alles hinweg raumen, was den Muth
und Eifer niederschlagen kan.

So sehr ich auch die Gesetze gegen den
Luxus lobe, so sehe ich doch, daß sie ver:
geblich sind. Wenn man ein klein wenig
die Geschichte dieser Gesetze nachsiehet, so
wird man finden, daß sie den Luxus nur
mehr eingeführet. Und im Grund reitzet
eine Sache nicht ehender, bis daß das Ver:
bott sie hindert. Hamburg verbote seinen Bur:
gern Equipagen zu halten, etliche kränkli:
che stellten vor, daß sie ohne Equipage ihr
Haus nicht verlassen könnten, man erlaub:
te es darauf unter einem grossen Impot.
Jetzt schämt sich fast jeder reiche Burger
ohne diese zu seyn, weilen er eben dadurch,
daß er den Impot bezahlen kan, zeigen will,
daß er reich seye. — Dem wohlhabenden
muß man etwas, so die Schranken der Ehr:

bar:

barkeit, guter Ordnung, und gemeiner Ruhe nicht überschreitet, zu seinem Vergnügen erlauben, dies ist das Genie des Menschen, das sich durch Gesetze nicht ändern läßt. Der Hamburger, der überall spart, und einen schlechten Tisch und geringe Kleider hat, verwendet grosse Geld-Summen, prächtige Gärten zu haben, man findet dorten, deren sich die grösten Fürsten nicht schämen dürften. — Der Holländer, dessen Geitz die Welt kennt, der sich schlecht kleidet, schlecht ißt, und seinen besten Freund im Handel ohnbedenklich übervortheilet und betrügt, verwendet unendliches Geld, prächtige Zimmer zu haben. Beinahe jeder Bauer zu Sardam hat Zimmer, in denen der grösste Fürst wohnen könnte, und solche sind gewöhnlich so prächtig, daß selbst der Eigenthümer nicht das Herz hat hinein zu gehen.— Der Zürcher, der keinem Fremden einen Bis-

F sen

sen zu essen giebt, bey dem man in allen Ecken die Haushaltung bewundert, ist in seinen Gärten verschwenderisch. — Der Baßler suchet seinen Staat in Gärten und Equipagen. — Der Berner in Gastfreyheit und prächtigen Kleidungen. — Der Franzos leidet öfters in seinem Haus Hunger, oder lebet so sparsam, daß man darüber erstaunet; indessen ist er immer gepuket, und das muß eine arme Frau seyn, die ohne Schlender sich aus dem Hause wagte. — Wie Mannheimer scheinen den Franzosen nachzuahmen, theils wegen der hiesigen Hofhaltung, theils wegen der Nachbarschaft. — Freylich ist dies Luxus, und es wäre zu wünschen, daß er nicht existirte, aber wo finden wir Menschen, wie sie seyn sollten, und so lange, als der Luxus auf ein oder dem anderen Articul bleibet, scheinet er nicht allein nachsehenswürdig, sondern er

ist

ist auch vielleicht nöthig, weilen er der Sporn ist, der viele zum Fleiß und Eifer mit aufmuntert. Ich glaube deswegen, daß hier in Mannheim eine Kleider-Ordnung von den übelsten Folgen wäre; dann würde sich erst jeder schämen Burger zu seyn, wenn er dadurch ausgezeichnet würde. Ehender glaube ich, daß hier ein Landes-Herr dem reissenden Strom nachgeben müsse, und nur dahin denken solle, wie er von dieser Schwachheit seiner Unterthanen klüglich gewinnen möge. Hier ist dies gar leicht möglich, denn bey Errichtung der Fabriken wird der Luxus in Kleidungen statt schädlich zu seyn, sehr nutzbar werden, wenn man dabey nur die Begierde fremde Waaren zu gebrauchen, hemmen wollte und könnte.

Und auf diese Art muß man immer suchen, nicht gegen die herrschende Gedenkungs-Art zu handeln, sondern der schwachen

Seite nachzugeben. Dadurch wird Liebe und Eifer ermuntert, und wenn die Vorgesetzten sich bemühen werden, ihren Bürgern mit Achtung und Liebe zu begegnen, wenn sie diesem Stand in allen Unternehmungen, welche dem gemeinen Wesen, und guten Sitten nicht nachtheilig sind, alle Aufmunterung geben, deren er fähig ist, wenn sie mit Freundschaft und Nachsicht regieren, nicht jede Kleinigkeit gleich aufmutzen, auch bey den Strafen, wie ein Vater gegen seine Kinder sich verhalten, und bey aller Gelegenheit vor das allgemeine Wohl der Bürger mit Klugheit sorgen, und sie gegen Neid, Eifersucht, und Unterdrückung beschützen, so wird manchem die Lust schon vergehen, seine einträgliche Bürger-Nahrung gegen eine kleine wenig bedeutende Besoldung zu vertauschen.

Dieß sind vielleicht die Haupt-Grundsätze, die zur Bevölkerung der Stadt Mannheim die besten Fundamente legen könnten. — Ich wiederhole hier, was ich oben von dem Schaden der Feyertage gesagt, deren Nachtheil dem Bürger und Handwerksmann ungemein viel empfindlicher ist, als dem Bauren. Der Weise aus dem Mond hat dieß so schön und körnicht ausgedruckt, daß seine Worte hierhergesetzt zu werden verdienen. „Bey dem Ackerbau empfindet man „den Schaden der Feyertage nicht so sehr, „denn die Früchte wachsen des Feyertags, „wie die Werktage, aber bey den Fabri„ken, und bey allen Handwerkern ist der „Schaden unersetzlich. Denn der letzte „Zug zur Arbeit, ist auch der letzte Zug „Geld zu verdienen, und wo die Bemü„hung sich endet, da endet sich auch die „Geld-Einnahme.„

Alle diese den Bevölkerungs-Stand in Churpfalz in Aufnahm bringende Vorschläge werden durch schnelle Justitz und nöthige Toleranz unterstützet werden. — Dieß sind zwey Grund-Säulen, ohne welche das Gebäude in sich selbst verfällt, wenn schon die äussere Mauren noch zu stehen scheinen. Es behauptet zwar ein ganz neuer französischer Schriftsteller, als wenn die christliche Religion in sich selbst intolerant seye, und sucht in ihr selbsten die Ursach, warum ihr Fortgang bey den Heiden so langsam seye. — Ich glaube, er hätte sagen sollen, daß die Geistlichen sie intolerant machen, sie es aber in sich nicht seye.

Wir finden auch wirklich, daß die eigenmächtige Grundsätze, heimlicher Eigensinn, Falschheit und Hartnäckigkeit sich allemal da offenbaren, wo man über den Mangel der nöthigen Toleranz die gegründeste Kla-

gen

gen führet. —' Frankreich gibt uns unter den Regierungen Franz I. Heinrich II. Franz II. Catharinen, Carl IX. Heinrich III. die traurigen Beweise. Aber nicht allein die Catholische Religion ist intolerant. Jede andere ist es, so bald sie die herrschende wird, und man den Geistlichen erlaubt, sich in Regierungs-Geschäfte zu mischen. Die Reformirte haben sich den Tod des Servets ewig vorzuwerfen, und ohne die traurige Beyspiele ihrer intoleranten Gedenkungs-Art, in den Geschichten aufzusuchen, dürfen wir nur als ein höchsttreffendes und hier ungemein beweisendes Beyspiel den orthodoxen Canton Bern anführen, wo man gleich ein dutzend Märtyrer antreffen wird, die zwar nicht wie Servet hingerichtet worden, aber eines noch ungleich schmerzhafteren und durch seine Langsamkeit grausamern Todes in den Gefängnüssen gestorben, ob ich

ich zwar glaube, daß sie zu Anfang dieses Seculi einigen Geistlichen wegen ihres Catechismi die Köpfe abschlagen lassen. Dem Major Darel haben sie zwar als einem Majestäts-Verbrecher den Kopf vor einigen 30. Jahren abschlagen lassen, aber die Ursach seines Verbrechens war doch der Glaubens-Articul, den sie den Consensus nennen, gegen welchem er sich auflehnte, und welcher ihm sein Gehirn so einnahm, daß er zu jenem unüberlegten Schritt sich verleiten ließ, und der in meinen und anderer Augen Verzeihung verdienet hätte, auch vielleicht würde erlangt worden seyn, wenn die intoleranten Principien solches erlaubet. Und eben diese Gährung wegen dem Consensus bauret noch, denn vor wenigen Jahren starb noch ein Geistlicher in den Gefängnißen, der seit undenklichen Zeiten dorten gesessen, und der in seinem Gewissen sich verbunden geachtet, eben diesen Consensus nicht anzunehmen.

Die Lutheraner sind ebenfalls diesem unglücklichen Eifer unterworfen. Crels Asche rauchet noch, und Wolf sollte ein Schlachtopfer derselben werden, wenn ihn nicht Gedult und die Aussicht in glücklichere Zeiten beschützet. England liefert mir ebenfalls in seinem Brittischen Plutarch traurige Beweise meines Satzes, und Deutschland würde in neueren Zeiten gewiß derselben noch mehr aufstellen, wenn man sich nicht die Freyheit genommen, über der Herren Geistlichen ihre wunderliche intolerante Einfälle zu lachen. Abts sinnreiches lutherisches Auto da Fee hat hier glücklich die Bahn gebrochen, und man spottet eines Götzen ꝛc. der mit erhabener Mine andere verketzern will. —

Dies sind einige der Gedanken, die mir bey Untersuchung der Tabellen eingefallen. Heil denen, die sie prüfen, und zum Nutzen des Vaterlandes in Ausübung oder klügere Verbesserung bringen. Ich kan nichts anders thun, als in den reinesten Wünschen vor das Wohl unseres theuersten Landes-Fürsten, und vor die Wohlfahrt meines Vaterlandes diese meine Beobachtungen, welche an sich bereits von verschiedenen Staats-Männern zur Grund-Regul ihrer ersprießlichen Unternehm-und Vorkehrungen geleget, jedoch annoch nicht zu allgemeiner Aufmerksamkeit und Beobachtung glücklich gebracht sind, dem Urtheil des gemeinen Wesens vorzulegen, und zu schliessen.

Tabellen
von
Mannheim.

Vorbericht
zu den Tabellen.

Ich war anfänglich willens, nur einige Tabellen hiebey zu fügen, ein Zufall hat mich aber auf eine nähere Berechnung geführt, und da sahe ich, daß ich etwas zu voreilig auf die Schlüsse und Rechnungen anderer mich gegründet. Dieß nöthigte mich schon nach dem Abdrucke des Vorhergehenden, folgende Bemerkungen nieder zu schreiben. Ich bin es der Wahrheit schuldig hier dis Geständnis zu thun, und mit jener unerschrockenen Offenherzigkeit, mit welcher ich das Vorhergehende, und das Folgende gesagt, mit der nemlich lichen zeige ich meinen begangenen Fehler an. — Mannheim war also in den Jahren 1730:1739. nicht am volkreichsten, wie ich solches S. 55. gesagt, auch ist sie nicht in Abnahme wie ich es S. 56. und 58, angegeben, aber das ist gleichwohlen richtig, daß die Ehen sich ausnehmend vermindern, und daß sie ungleich volkreicher seyn könnte. Ubrigens sind meine Folgerungen so richtig, daß das Tabellenwerk sie nur noch mehr bestärket, und ich wünsche nichts sehnlicher, als daß man sie beherzigen möge.

Er-

Erste Tabelle.

Jahr	Gebohrne	Gestorbene	Ehe-Paar
1712	267	219	75
1713	208	201	42
1714	303	214	69
1715	303	130	77
1716	288	187	49
1717	280	129	53
1718	275	192	42
1719	246	227	53
1720	245	422	58
1721	251	409	97
1722	436	277	170
1723	533	228	154
1724	569	250	156
1725	622	200	172
1726	676	253	160
1727	667	273	98
1728	643	414	187

1729

Jahr	Gebohrne	Gestorbene	Ehe-Paar
1729	690	306	177
1730	641	244	166
1731	633	328	155
1732	637	310	153
1733	670	283	146
1734	717	? ?	162
1735	670	? ?	157
1736	700	? ?	177
1737	747	? ?	178
1738	656	? ?	161
1739	662	420	150
1740	688	434	169
1741	666	439	115
1742	663	394	129
1743	609	536	135
1744	630	548	135
1745	654	430	133
1746	602	776	123
1747	560	494	83

1748

Jahr	Gebohrne	Gestorbene	Ehe-Paar
1748	540	612	110
1749	514	598	151
1750	552	674	170
1751	608	609	127
1752	614	503	141
1753	612	629	149
1754	610	577	141
1755	661	546	133
1756	560	543	143
1757	648	721	106
1758	533	785	148
1759	619	600	133
1760	575	704	130
1761	568	766	111
1762	522	798	159
1763	541	706	165
1764	654	905	150
1765	661	622	135

Anmerkungen.

1. Diese Tabellen sind aus jenen zusammengezogen, die der Herr geheime Secretarius Collini in dem ersten Tom der Acten der Churpfälzischen Academie der Wissenschaften bekannt gemacht. Sie stehen S. 464. Ich habe die viere von der Pfarr-Kirche, der Lutherischen, Reformirten und Wallonischen Gemeine zusammen gezogen, und sie in ganzen Zahlen vorgestellet. — Die Garnisons-Kirche ist bey mir ausgelassen. —

2. von 1712 bis 1725. fehlen bey der Wallonischen Gemeine die Todten. Da aber die Gemeine sehr schwach, und im ganzen nicht zu bemerken ist, so habe ich sie auch übergangen, und bis dahin die Todten gleichwohlen zusammen gezählet. Viel wichtiger ist der Mangel der Todten-Listen bey der teutschen Reformirten Gemeine von den Jahren 1734. bis 1739.

Zweyte Tabelle.

Bestimmung der Catholischen, Lutherischen, Reformirten Teutschen und Wallonischen Gemeinen von dem Jahr 1712 bis 1766.

	Gebohr.	Gestorb.	Copul.
1712 : 1720	2415	1921	518
1721 : 1729	5087	2610	1371
1730 : 1738	6071	? ?	1455
1739 : 1747	5734	4471	1172
1748 : 1756	5271	5291	1265
1757 : 1765	5321	6607	1237

Anmerkungen.

1. Diese Tabelle zeigt ganz besondere Auftritte. Bey den Gebohrnen sehen wir bis 1738. die Zahl immer beträchtlich steigen, von da aber fängt sie wieder an zu sinken, und in den letzten 9. Jahren sind würklich 750. Kinder weniger, als in dem Zeitraum von 1730 ⸺ 1738. gebohren worden.

2. Dies beobachtet man auch bey den Ehen. Diese vermehren sich bis 1738; von da vermindern sie sich abermals, so daß in dem letzten Zeitraum 218. Ehepaar weniger, als in dem von 1730. bis 1738. entstanden.

3. Hingegen sehen wir die Mortalität in einem beständigen gleichen Gang aufsteigen, und sich in dem letzten Zeit-Punkt ausnehmend vermehren. In den ersteren vier Zeiträumen, nemlich von 1712. bis 1748.

1748. war sie immer unter der Zahl der Gebohrnen, in dem fünften aber wird sie derselben gleich, in dem sechsten endlich übersteigt sie die Zahl der Gebohrnen um 1286.

4. Ich habe oben gesagt, daß in grossen Städten die Mortalität stärker seye, als die Zahl der Gebohrnen, aber ich habe mich geirret. Denn in Paris, Neapel, Venedig, Petersburg, Hamburg, Hannover ꝛc. werden nach den Listen des vortreflichen Süßmilchs immer mehr gebohren, als sterben, so daß sich die Gebohrne zu den Todten verhalten wie 12. zu 10. —— Man muß also die vermehrte Zahl der Sterblichkeit nicht gleich auf die Rechnungen der Stadt schreiben, sondern die Ursache derselben genauer untersuchen. Vielleicht entdecke ich diese nachhero, und setze einen jeden in den Stand, sie hinweg zu räumen.

G 3   5. Be-

5. Betrachtet man diese Tabelle allein, so sollte man glauben, Mannheim seye in den Jahren 1730 bis 1739. in dem blühendsten Stand gewesen, seit der Zeit aber seye sie zurück gegangen, und befinde sich gegenwärtig in einer beträchtlichen Abnahme, weilen so wohl die Ehen, als die Gebohrnen so sehr sich vermindert haben. Dies wäre zu frühzeitig geurtheilet. Mehrere Tabellen werden die Sache am besten dem prüfenden Leser entdecken.

6. So viel kan man schon gegenwärtig sehen, daß in diesem Zeitraum von 54. Jahren sich wunderbare Veränderungen ereignet haben, die gewiß unerwartet sind. Befinden sich aber die Triebfedern hievon in der Lage der Stadt, in der Nahrung, oder in dem ganzen Wesen des Burgers? Oder hängt sie von den abgeänderten Maximen in der Regierungs-Form ab? Oder kommen

- beyde

beyde hier zusammen? — Dies wird vielleicht das folgende entwicklen.

7. Ehe ich aber weiter gehe, muß ich zuvorderst bemerken, daß ich die Größe der Sterblichkeit wie 1. zu 28. ausfindig gemacht. Hievon so wohl, als auch einen Beweis von der Gründlichkeit meiner zukünftigen Rechnungen vorzulegen, will ich das Jahr 1765. erwählen, und es nach dem Begrif eines jeden bestätigen.

In dem Jahr 1765. waren die Todten der Pfarre, der Lutherischen, und der beiden Reformirten Gemeinen zusammen 622; diese mit 28. multipliciret, geben 17416. lebendige Seelen. Hier fehlen aber die Klöster, die Garnison, die Widertäufer und die Juden. Diese betragen nach einer geschehenen Zählung in dem Merz 1766. (*) also gleich

nach

* * * * * * * * * * * * * * * * *

(*) Acta Acad. Palat. Pag. 468. N. V.

nach meinem angenommenen Termine 7973. Seelen. Beyde Summen zusammen gerechnet machen zwar 25389. Seelen, folglich 1299. mehr aus, als in der benahmten Tabelle angegeben sind. Dies sollte zwar ein beträchtlicher Ueberfluß scheinen, aber wenn man anmerkt, daß die Lutherischen und Reformirten Soldaten nebst ihren Weib und Kindern oder vielmehr derselben Todte, schon in den Todten-Listen ihrer Kirchen angegeben sind, und daß sie also bey der Haupt-Tabelle des Merz 1766. nochmalen bey ihrem Staab, folglich doppelt erscheinen, so wird man sehen, daß meine Berechnung gar richtig seye, indeme diese gewiß 1300 Seelen ausmachen. Die Uebereinstimmung meiner Rechnung mit den wirklich gezählten Einwohnern der Stadt ist ein wichtiger Beweis von derselben Richtigkeit, auch siehet man, daß die Größe der Sterblichkeit

wohl

wohl bestimmet seye. Diese Mortalität wie 1 zu 28. hat aber gar nichts besonders, sie ist den mehresten Städten eigen, wo man nicht über die Größe derselben sich beklaget.

8. Bey der Garnisons-Kirche sollte es zwar scheinen, als wäre, gegen die Beobachtung aller Zeiten, hier die Sterblichkeit geringer, als bey dem Burger-Stand, weilen von 1712 bis 1765. die Zahl der Kinder immer die Gestorbenen weit übertroffen. Aber man muß bemerken, daß z. Soldaten in der kurzen Zeit ihres Urlaubs auf dem Land sterben. Ich habe dies aus langwieriger Beobachtung. Viele gehen bey ihnen zustoßenden Unpäßlichkeiten auf das Land, und wollen sich durch Luft-Veränderung helfen, bey anderen wird eine kleine Krankheit durch Mangel, oder durch Ungeschicklichkeit der Arzneymittel auf dem

dem Lande tödtlich und sterben, ehe das Regiment was von ihrem Zufall gewahr wird. Dies hat mich bewogen, die Garnisons=Kirche immer hinweg zu lassen. Ich werde also nachhero dies Verhältniß von 1 : 28. immer beybehalten, und es wird ein Grund=Satz meiner zukünftigen Rechnungen seyn.

Dritte Tabelle.

Bestimmung der Fruchtbarkeit der Ehen, nach den verschiedenen Religionen.

Eine Ehe gab Kinder bey den

	Cath.	Luth.	Ref.
1712:1720	$4\frac{1}{2}$	$4\frac{1}{4}$	5
1721:1729	$3\frac{1}{2}$	$3\frac{1}{2}$	$5\frac{3}{4}$
1730:1738	$3\frac{7}{8}$	4	$5\frac{3}{8}$
1739:1747	$4\frac{1}{2}$	$4\frac{7}{8}$	$5\frac{7}{8}$
1748:1756	$4\frac{1}{4}$	$3\frac{7}{8}$	$5\frac{3}{8}$
1757:1765	$4\frac{3}{16}$	4	$5\frac{5}{16}$

Anmerkungen.

1. Ich erfreue mich, so oft ich diese Tabelle überdenke. Mannheim hat in der ehelichen Fruchtbarkeit beynahe nicht ihres gleichen. Von 1712. bis hieher hat sie diesen hohen Grad behauptet, und es fast allen Städten zuvor gethan. Süßmilch hat in dem 1ten Theil S. 170. eine Tabelle der ehelichen Fruchtbarkeit mitgetheilet, ich durchgehe sie, und finde als die stärksten angemerkt.

	eine Ehe gibt Kinder	10. Ehen geben
4. Im Königreich Preussen in 64. Jahren	4. 3	43
13. Im Herzogthum Geldern in 29. Jahren	4	40
		15. In

15. In der Grafschaft
Lauenburg in 24. Jah-
ren   ⸰   ⸰   ⸰   4.   40

7. zu Hantschiere
S. 172. in 62. Jahr   4.   40

8. zu Upminster in
100. Jahren   4. 6   46

9. zu Aynho in
118. Jahren   6   60

2. In ganz Schwe-
den S. 173.   4. 1   41

7. zu Paris. S. 174.
von 1731 bis 1736.   4. 6   46
von 1746 bis 1747.   4. 8   48

Die Französische Co-
lonie in Berlin von
1701 - 1710.   4. 6   46

    in 60. Jahren   4. 4   44

In Petersburg nach
dem Herrn Schlötzer   4.

Alle

Alle die andere angeführte sind unter **dieser Zahl** von ehelicher Fruchtbarkeit, und Leipzig hat so gar Jahre, wo seine Fruchtbarkeit nicht stärker, als von zehen Ehen 28 oder 29. Kinder beträgt. Die übrigen bleiben zwischen 30. und 40. Mannheim kan ihnen allen in Zukunft ein Beyspiel ehelicher Fruchtbarkeit seyn.

2. Gleichwohlen ist diese Fruchtbarkeit nicht bey allen Religionen gleich stark, und ich finde die Catholischen und Lutherischen einander hier sehr gleichend. Beyde sind zweymal unter 4. geblieben, die übrige viermal aber über 4. bis $4\frac{1}{2}$, ja die Lutherischen einsmal bis $4.\frac{7}{8}$. gestiegen.

3. Hingegen ist die Fruchtbarkeit bey der Reformirten Gemeine ausnehmend. In dem ersten Zeitraum hat eine Ehe 5. Kinder gegeben, nachhero aber ist diese Zahl immer gestiegen, und in dem Zeitraum von 1739

1739 bis 1747. ist sie gar auf 5⅞. oder zehen Ehen auf 59. Kinder gekommen. Man findet dieses Beyspiel nirgend, und das Königreich Preussen, die Stadt Paris, einige Orte in England, die man als Beyspiele ehelicher Fruchtbarkeit aufstellet, müssen hier weit zurück bleiben, denn Paris hat in 2. Jahren es einmal auf 4. 8. gebracht, und die übrige Zeit ist es wieder darunter gewesen, ja es hat Zeit-Punkte gehabt, wo es gar nur auf 3. 8. gekommen. Hier aber bey der Reformirten Gemeine ist die eheliche Fruchtbarkeit in 54. Jahren immer zwischen 5. und 6. gewesen. Derham gibt zwar Aynho in Northumberland in 118. Jahren beständig 6. Kinder, er macht aber ein N.B. darzu, und da ich den Derham nicht bey der Hand habe, so vermuthe ich, Süßmilch müsse hier einen Fehler entdeckt haben, und

das

das um so mehr, da damals das Tabellen-Werk noch in seiner Kindheit gewesen.

4. Welches mag nun die Ursache dieser so ausnehmenden Fruchtbarkeit in Mannheim seyn? Die Reformirte Gemeine muß mir hier sie entdecken helfen. Jedermann, der Mannheim kennt, weiß, daß diese Gemeine fast aus lauter wohlhabenden Burgern, und verschiedenen sehr reichen bestehe. Diese sind alle über die Furcht einer zahlreichen Familie erhaben; ihre Haushaltungen sind wohl bestellt; in vorfallenden Krankheiten, die das Kinder-Zeugen verhinderen, haben sie das Vermögen, so weit als Menschen-Kräfte reichen, sich zu helfen, kurz sie sind in einem blühenden Wohlstand. Dieser blühende Wohlstand ist also die Ursache dieser ausnehmenden Fruchtbarkeit. Bey den beyden anderen Religionen sind schon mehrere Arme und minderes Vermögen,

ich

ich nehme den Hof aus. Hier ist also auch die eheliche Fruchtbarkeit geringer. Gleichwohlen ist sie im ganzen beträchtlicher, als man sie anderwärts findet.

5. Ich schließe jezo auf diesem Satz weiter, und beweise, wie sehr jene irren, die da glauben die Nahrung hätte sich in Mannheim so gemindert, daß deswegen die Stadt in einem Stillstand seye. Diese ausnehmende ehliche Fruchtbarkeit giebt mir, überhaupt zu reden, den Wohlstand der Burger zu erkennen, und zeigt, daß es hier an Geschäften und Nahrung ein Ueberfluß seye. Dies findet man auch, wenn man nur ein wenig um sich schauet. Niemand kan von den Handwerks-Leuten befördert werden, so viel haben sie zu thun. An Taglöhnern ist ein Mangel. Der Burger lebt wohl. Die Gesellen in den hiesigen Werkstätten sagen mir gar oft, daß man

H   die

die hiesige Kost nicht leicht bey einem Meister einer anderen Stadt antreffe. Eine Burgerin von Paris, die alt daselbst geworden war, sahe jüngst die Haushaltung eines hiesigen Burgers; sie glaubte, er rennte in sein Verderben, und sagte, daß wenn sie ihren Gesellen in Paris so aufgewartet, wie es hier in dieser Haushaltung gebräuchlich seye, sie wäre längst verdorben — Die Meister pflegen hier selten zu arbeiten, oder doch ist bey Zeiten Feyerabend, und dann gehen sie spazieren, oder in das Wirthshaus. Lauter Beweise, daß es an Nahrung ein Ueberfluß ist, und daß die Stadt noch unendlich volkreicher seyn könnte, um nur ihre eigene Bedürfnisse zu besorgen.

6. Erhellet also nicht aus allem diesem, daß man aus eigenen Grund-Sätzen die Burger-Annahmen ohne Noth erschwehret, und das Heirathen offenbar gehindert habe? Denn

Denn bey einer Burgerschaft, bey der die eheliche Fruchtbarkeit so ausnehmend starck ist, bey der muß auch ein starker natürlicher Trieb zum Heyrathen seyn. Dies sind klar bewiesene Grundsätze. Wenn also gleichwohlen die Ehen sich vermindern, so muß hier die politische Triebfeder allein beschuldiget werden, die aus eigenen Sätzen die Triebe der Natur unterdrückt, und auf diese Art dem Inneren des Staats wehe thut. Hier ist alles mit Rechnungen bewiesen, was ich oben schon gesagt habe.

7. Einige glauben, der Krieg seye vor Mannheim vortheilhaft gewesen, und leiten daher die besondere Zunahme der Stadt in den Zeit-Punkt von 1730. bis 1738, —. Diese Herren mögen sich irren, denn ich finde in dem folgenden Zeitraum zwar die Zahl der Ehen und der gebohrnen Kinder ausnehmend vermindert, aber die eheliche

Fruchtbarkeit stärker, als sie jemals gewesen, und von dieser letzten glaube ich muß man ehender, als von der ersteren schließen, denn die Zahl der Ehen hangen offenbar von dem Gouvernement eines Staates ab, aber nicht die eheliche Fruchtbarkeit. Die Regierung eines Landes kan zwar die Zahl der Ehen nach Willkühr vermindern, aber in die eheliche Fruchtbarkeit hat sie keinen Einfluß, es sey dann, daß Sie dahin denket, dem Unvermögenden bey seiner Kinder Erziehung unter die Arme zu greifen, wodurch sie allerdings die eheliche Fruchtbarkeit in etwas vermehren kan. — Ich sehe also, daß in den Jahren 1739. bis 1747. nemlich in den Zeiten des Friedens die eheliche Fruchtbarkeit ausnehmend gewesen, so, daß sie bey den Lutherischen beynahe auf 5. bey den Reformirten fast auf 6. gestiegen, durchaus aber auf 5. ge-

kom-

kommen, und schließe, daß hier der Wohlstand der Burger wenigstens eben so gut, als vorher bey dem Krieg gewesen. — Ich würde dies nicht anführen, wenn nicht manchmal Vorurtheile von dieser Gattung den Geist und den Muth des Burgers unterdrückten, und in die Regierung des Landes einen falschen Einfluß haben könnten.

Vierte Tabelle.

Verhältnis der jährlich getraueten Ehe-Paare.

	Cath. Gem.	Luth. Gem.	Refor. Gem.
1712:1720	$122\frac{50}{79}$	$82\frac{116}{161}$	$156\frac{15}{17}$
1721:1729	$33\frac{95}{193}$	$71\frac{89}{145}$	$112\frac{50}{103}$
1730:1738	$29\frac{205}{411}$	$95\frac{107}{395}$	: :
1739:1747	$91\frac{130}{167}$	$127\frac{1}{153}$	$118\frac{30}{103}$
1748:1756	$113\frac{107}{355}$	$113\frac{3}{23}$	$145\frac{43}{57}$
1757:1765	$153\frac{1}{11}$	$135\frac{16}{27}$	$169\frac{82}{23}$

Anmerkung.

1. So sehr ich mich über die vorhergehende Tabelle erfreuet, so sehr betrübe ich mich über die gegenwärtige. Die eheliche Fruchtbarkeit ist zwar allerdings ausnehmend in Mannheim, aber dies Verhältnis der zu schliessenden Ehen ist ebenfalls ausnehmend schwach. Ich werde weiter unten von den besonderen Bemerkungen dieser Tabelle bey jeder Gemeine reden. Hier lege ich sie nur gesammlet dem Auge des Kenners vor.

2. Ueberhaupt zu reden, so zeigt diese Tabelle mit der vorhergehenden verglichen an, daß sich die Ehelosen in Mannheim seit den letztern 9. Jahren ungemein vermehren. Denn wo die eheliche Fruchtbarkeit so ausnehmend stark ist, wie in Mannheim, und gleichwohlen sich so ausnehmend wenig

verheyrathen, da müssen sehr viele unverehligte seyn. Viele werden gleich sagen: Hieran ist der Hof schuld! — Ob ich gleich glaube daß die Hindernisse des Heyrathens bey denen von Hof, und bey den Gelehrten durch Errichtung einer wohl eingerichteten Witwen-Casse könnten vollkommen aus dem Weg geraumet werden, so muß ich doch sagen, daß man öfters auf alten und guten Grund-Sätzen zu geschwind fortschliesset, und bey einzelen Fällen falsche Anwendungen macht. Denn daß hier bey den so seltenen Heyrathen in dem letzten Zeitraum der Hof nicht die einzige Schuld trage, beweisen die beide andere Gemeinen. Diese bestehen aus lauter Burgerschaft, und gleichwohlen ist bey den Lutherischen nur unter 135. und bey den Reformirten gar nur unter 169. eine Ehe entstanden. — Die wahre Ursache hievon werde ich unten anzeigen.

3. Je=

3. Jetzo werden die Leser nicht wissen, woran sie sind. Hat Mannheim abgenommen, zugenommen, oder ist es in einem Stillstand? Die zweyte Tabelle läßt eine Abnahme vermuthen, die dritte eine ungemeine Zunahme, die vierte aber mit Vergleichung der drittern einen Stillstand. Um das wahre zu zeigen, habe ich folgende Tabelle berechnet, woraus einige sehen können, daß man nicht zu geschwind von einer Tabelle Schlüsse heraus ziehen, sondern daß man, um zur Wahrheit zu gelangen, die Tabellen auf allen Seiten betrachten müsse. Denn Mannheim ist weder in einem Stillstand gewesen, vielweniger hat es abgenommen, sondern jährlich hat es sich vermehret. Dies beweisen die genaueste Berechnungen, dies beweiset der Augenschein.

Fünfte Tabelle.

1712 : 1720 : 53688 : 123445
1721 : 1729 = 72080 : 141837
1730 : 1738 :   :   :
1739 : 1747 : 125188 : 194945
1748 : 1756 : 148148 : 217905
1757 : 1765 : 184996 : 254753

Uns

Anmerkung.

1. Die erste Reihe zeigt immer die Anzahl dererjenigen an, so zu der Pfarre, der Lutherischen, Reformirten und Wallonischen Gemeine gehören. Da aber die Klöster, die Garnison, die Widertäufer und Juden einen beträchtlichen Theil von Mannheim jederzeit ausgemacht, und diese wegen Mangel der Listen nicht zu bestimmen sind, so habe ich die Zahl derselben von dem Jahr 1766. vor alle Jahre angenommen, und sie der ersteren beygezählet, wodurch die zweyte Reihe enstanden, die die sämtliche Anzahl der Mannheimer Einwohner enthält. Dies letztere ist zwar etwas willkührlich gehandelt, aber es fehlen mir die Data, die Hauptsumme genauer zu bestimmen; man muß also bemerken, daß die erste Reihe die Eingepfarrten der 4. Kirchen so genau bestimme, als

man nach der politischen Arithmetik solches bisher hat bestimmen gelernt, die zweyte Reihe aber, vor die fünf erste Zeiträume, die Hauptsumme zu stark angiebt, in dem sechsten Zeitraum aber gar richtig seye.

2. Man siehet hieraus also klar, daß Mannheim sich gar nicht in einem Stillstand befinde, noch weniger abnehme, aber wir sehen gleichwohlen, daß seine Zunahme so beschaffen ist, daß man sich von derselben so gar viel nicht zu versprechen habe, weil sein Zuwachs in lauter Unverheiratheten bestehet, die ein unvermutheter Zufall das hin reissen, und also vernichten kan. Der Staat kan sich auf keine Vermehrung freuen, so lang der Grund davon nicht in den vermehrten Ehen, und zahlreichen Familien zu finden ist. Daß aber dieser Zuwachs aus meist Ledigen bestehe, beweiset folgende Anmerkung.

β. Die

3. Die oben stehende Tabelle zeigt, unter wie viel Lebendigen eine Ehe entstehe. Hier zeige ich solches nur von dem letzten Zeitraum an, und erwähle blos die in die vier Kirchen eingepfarrte, weilen hier weder die Klöster, noch die Garnison in Berechnung können gezogen werden. Nach der Hauptregel die Zahl der Lebenden mit der Zahl der damals entstandenen Ehen zu dividiren, erhellet, daß hier in Mannheim unter $149\frac{1}{2}$. eine Ehe entstehet, oder, daß von 75. Personen, sich nur eine zur Ehe entschliesse. Dies Verhältnis ist erstaunend, und es wird Mühe kosten, ein Beyspiel dieser Art aufzusuchen. In Berlin fand Süßmilch von 110. einen heyrathen, eine Proportion, die man in blühenden Städten gemeiniglich antrift, und die in verschiedenen Orten noch beträchtlicher ist. Hier in Mannheim heyrathet also ein drittel weniger als in Berlin,

oder

oder in andern Städten. Und hier wird man die Ursache finden, warum viel andere geglaubt, Mannheim seye wenigstens in einem beträchtlichen Stillstand seiner Bevölkerung, da die Zahl der Ehen und Kinder sich gemindert, die Zahl der Sterblichkeit sich aber ausnehmend vergrössert. Jetzo wird man sehen, daß Mannheim sich zwar täglich vermehre, aber daß die Zahl der Ehen sich vermindere, und die Zahl der Unverehlichten steige.

4. Nach allen diesen Sätzen wird es jetzo erlaubt seyn, auf General-Folgerungen fort zu schliesen. Die Serblichkeit ist hier in Mannheim nicht gröser, als in anderen Städten, hingegen sind die Ehen ungemein fruchtbar, die Stadt aber auch in einer starken Zunahme. Sie würde noch beträchtlicher seyn, wenn nicht die Zahl der Ehen so ausnehmend schwach wäre. Welche schöne

ne Bevölkerung könnte man nicht hier entstehen sehen, wenn unter 110. auch eine Ehe wie anderwärts entstünde, da die hier gewöhnliche Fruchtbarkeit der Ehen eine vortrefliche Aussicht versprechen. Also ist der einzige Nachtheil in Mannheim, der aber würklich die Grund-Stützen untergräbet, die verminderte Zahl der Ehen, und dieß die einzige Ursache der so groß scheinenden Zahl der Sterblichkeit, die aber, so wie die andere Folgerungen, ungegründet sind.

5. Welche Ursache mag aber hier die Zahl der Ehen so vermindern? Ich habe oben gesagt, daß die ausnehmende Fruchtbarkeit der Ehen klar beweise, daß hier nicht der Mangel an Nahrung schuld seye, ich muß also auf andere Ursachen schliessen, und die erschwerte Erlaubnis darzu, als die einzige Ursache fest setzen. Man siehet also, daß meine oben angeführte Gründe von erschweh-

schwehrten Burger-Annahmen fest bestehet, und daß hier Fehler eingeschlichen, denen man nicht geschwind genug vorbeugen kan. Denn der Zuwachs einer Stadt an ledigen Personen ist ungewiß, aber der an Verheyratheten ist die wahre Stütze, auf die ein Staat sich gründen kan. Wie sehr wäre also zu wünschen, daß man sich jetzo' entgegengesetzter Grundregeln bedienen mögte, und so viel als möglich das Heyrathen zu befördern suchte. Welch eine blühende Stadt könnte nicht Mannheim in kurzem werden, und wie würden die Revenüen des Landes-Herrn steigen, ohne daß man Ursach hätte, den gegenwärtigen Einwohner mit neuen Lasten zu beschwehren. Hierin müssen die wahren Mittel einer patriotisch denkenden Cammer bestehen, die Reichthümer ihres Herrn zu vermehren, nicht in jenen kleinen Kunstgriffen, dem Einwoh-

ner

ner das Seinige abzujagen, und dem Herrn zuzuwenden. Das letztere unterdrückt Geist und Leben, das erstere aber ermuntert und erfreuet einen jeden.

6. Vielleicht denken einige die Proportion gefunden zu haben, wie viel Ehen in einer Stadt wie Mannheim, bestehen können. Ob dies zu finden, zweifle ich aus Gründen, die ausnehmend wichtig sind. Denn eine Stadt kan täglich sich neue Erwerbungs-Mittel erschaffen, und hier in Mannheim können so wohl Künste, als Handelschaft blühen, und wie weit sind wir noch von jenem Zeitpunkt entfernt, da alles auf dem äussersten Gipfel möglichster Vollkommenheiten ist. — Ich will aber hier diese Saite nicht berühren; ich will nur sagen, daß die Zahl der Ehen und gebohrnen Kinder wenigstens in jenem Verhältnis hätte bleiben können, in dem sie vormals ware.

Denn nach der zweyten und vierten Tabelle sind in den Jahren 1730. bis 1738. die Ehen zahlreicher gewesen, als nachhero, indem nach den letzten 9. Jahren gerechnet, damals 218. Ehen mehr gewesen. Wie gesegnet würde ich meine Arbeit schätzen, wenn man durch sie den inneren Verfall erkennen, und demselben vorzubeugen die rechte Kunst erlernen mögte.

Sechste Tabelle.

Zustand der Catholischen Gemeine in Mannheim von 1712 bis 1765.

	Geb.	Gest.	Ehep.	Zahl der E.	Verh. der H.
1712:1720	696	692	158	19376	122
1721:1729	2779	877	786	24556	31
1730:1738	3150	865	822	24228	29
1739:1747	5026	2191	663	61348	91
1748:1756	3003	2873	710	80444	113
1757:1765	2900	3789	693	106092	153

Anmerkung.

1. Wenn man die Gebohrne und Gestorbene mit einander vergleichet, so kommen sehr verschiedene Verhältniße heraus. In dem ersten Zeitraum sind diese beyde schier einander gleich, in dem zweyten und dritten sind die Todten weit unter der Zahl der Gebohrnen, in dem vierten und fünften nähert sich die Zahl der Todten der Zahl der Gebohrnen, in dem sechsten aber übersteigen endlich die Todten die Gebohrnen weit.

2. Ich war gänzlich auffer Stand die Ursache von so verschiedenen Verhältnissen einzusehen, bis ich die Verhältnisse der heyrathenden Personen untersuchte; da traf ich abermal ausnehmende Verschiedenheit an. In dem zweyten Zeitpunkt entstand bey 31. eine Ehe, oder von 15. Personen heyrathete eine, und in dem dritten gar die

vier-

vierzehende Person. Verhältnisse dieser Art trift man nirgends. Süßmilch war erstaunt, in 22. holländischen Dörfern unter 64. lebenden Personen eine Ehe entstehen zu sehen; Th. 1. S. 128. oder von 32. einen heyrathen. Was würde er sagen, wenn er gar von 14. Lebenden eine zum heyrathen sich entschliesenden wahrnähme? Nachhero hat sich dieses Verhältnis bis auf 91, alsdann bis auf 113. endlich bis auf 153. vermehret, ein Verhältnis, auf das es nie hätte kommen sollen.

3. Diese verschiedene Verhältnisse geben also den Schlüssel zu der so wunderbaren Verhältnis der Todten zu den Gebohrnen. Es erhellet ganz klar, daß die Regierung in dem zweyten und dritten Zeitraum alles angewandt, das Heyrathen unter den Catholischen zu ermuntern, und zu befördern, um eine ansehnliche Catholische

Gemeine heran zu ziehen. Nachdem man endlich diesen Endzweck erreichet, erschwerte man schon diese Erlaubniß mehr, und schränkte sie endlich so weit ein, daß in dem letzten Zeitraum von 76. nur einer heyrathete. — Vergleichet man diese meine Bemerkungen mit der Geschichte, so wird man sie daselbst bestätiget finden. Im Jahr 1720. hatte Mannheim das ihr unvergeßliche Glück, die Residenz-Stadt zu werden. Vorhero war man auf ihre Aufnahme nicht so bedacht, daher entstand auch nur unter 122. Catholischen eine Ehe, oder von 61. Lebenden heyrathete einer. Mit 1720. änderte sich aber alles. Der Durchlauchtigste Carl Philipp wollte seine Residenz-Stadt in kurzer Zeit blühend haben, und nun ließ man jeden heyrathen, und welches ganz billig ist, man suchte vorzüglich den Catholischen beyzuspringen. Daher kam es, daß

daß ungleich weniger starben, als gebohren worden, und daher kam die plötzliche Zunahme dieser Gemeine.

4. Hieraus können einige lernen, daß es allerdings möglich seye, eine grosse Menge Menschen auf einmal auf einem Orte zu sammlen, sie daselbst zu beschäftigen, und gute Bürger aus ihnen zu ziehen. Mannheim hat von selbigen Zeiten reiche Bürger aufzuweisen, und unter der vermehrten Zahl von Menschen ward es jedem leichter sich zu ernähren. Schade, daß man von den Grund-Sätzen abgewichen, und zu geschwind geglaubet, nun habe Mannheim seine mögliche Grösse erreichet. Würde man nicht zu frühzeitig diese Maxime eingeführet haben; so könnte man sich jetzo das Mißvergnügen erspahren, zu bemerken, daß man die Schranken offenbar überschritten, indem man nur von 72. einen heyrathen läßt.

5. daß

5. Daß aber dies von der Regierungsform abhängt, beweisen diese 54. Jahre ganz deutlich. Mannheim eine ganz neue Stadt, deren Vergrösserung man noch nicht genug überdacht, hatte von 1712 bis 1720. unter 122. nur ein Ehepaar. Auf einmal wollte der Durchlauchtigste Carl Philipp diese Stadt ansehnlich bevölkern, und nun heyrathete von 1720 bis 1729. der fünfzehende, und von da bis 1738. so gar der vierzehende. Nach der Hand hat man andere Maximen ergriffen, man will nicht übersetzen, man will keine Arme ꝛc. und siehet da die Bevölkerung nach und nach so gehemmet, daß jetzo in den letzteren 9. Jahren gar nur der 76te heyrathet.

6. Ich will jetzo einmahl den Schaden berechnen, der von diesen zu sehr abgeänderten Maximen entstanden. Ich will mit dem Süßmilch fest setzen, daß unter 110.

nur

nur ein Ehepaar entstehen solle, obgleich bey so ausnehmender Fruchtbarkeit der Ehen gar wohl unter 92. eine Ehe entstehen könnte, wie sich solches auch in dem Zeitpunkt von 1739 bis 1747. zugetragen. Nach diesem Verhältnis hätten in dem Zeitraum von 1757 bis 1765. bey den Catholischen 965 Ehepaar entstehen, 4338. Kinder gebohren werden, und die Gemeine 121464. lebendige Seelen stark seyn sollen: So hatte sie aber nur 693. Ehen, 2900 Kinder und 106092. Seelen. Durch diese abgeänderte Maximen sind also 271. Ehepaar, 1438. Kinder, und 15372. lebendige Seelen nicht zu Stand gekommen. Dies beträgt auf jedes Jahr 30. Ehepaar, 160. Kinder, und 1708. Gemeinds-Glieder. Ich überlasse dies eines jeden seiner Prüfung.

Siebende Tabelle.

Zustand der lutherischen Gemeine von den Jahren 1712 bis 1766.

	Geb.	Gest.	Ehep.	Zahl d. Leb.	Prop. der H.
1712:1720	633	476	161	13328	82
1721:1729	1157	833	326	23324	71
1730:1738	1596	1344	395	37632	95
1739:1747	1479	1388	306	38864	127
1748:1756	1241	1301	322	36428	113
1757:1765	1303	1569	324	43932	135

Anmerkungen.

1. Ob man gleich hier nicht den plötzlichen Fortgang, wie bey der Catholischen Gemeine siehet, so sind doch gleichwolen in den 4. ersten Zeitraumen die Anzahl der Todten beträchtlich geringer, als die Zahl der Gebohrnen, nur in den letzten zwey Zeiträumen fangen die Todten an, die Gebohrnen an der Zahl zu übertreffen. Die Proportion der Heyrathenden ist zwar hier auch in dem letzten Zeitraum ungemein gefallen, aber lange nicht so, wie bey der Catholischen Religion, woraus meine Muthmasung bestärket wird, nemlich, daß sich in den letzten 9. Jahren die Zahl der Ehelosen bey diesen überaus vermehret, wovon ich die Ursachen angeben, auch die Mittel ihnen abzuhelfen vorschlagen könnte, wenn dies nicht allzusehr dies Werkgen vergrösserte.

2. Ich

2. Ich habe hier abermals Gelegenheit, meine Berechnungen zu rechtfertigen. In dem Jahr 1710. wurde die Lutherische Gemeine gezehlet, (*) und damals 1115. Seelen stark befunden. Nach meiner Rechnung ist sie zu Ende des 1712ten Jahres 1316. Seelen stark gewesen, ein Zuwachs, den sie allerdings in zwey Jahren haben muste. Diese Probe der vortreflichen Uebereinstimmungen meiner Rechnung mit den wahr befundenen lebendigen und gezehlten Seelen muß allerdings den Leser von der Richtigkeit meiner Tabellen überzeugen, und zu meinem ausnehmenden Vergnügen finde ich auch die Listen eben daselbst S. 358. von dem Jahr 1710. vermöge welcher 60. gebohren, 40. gestorben und 5. Ehepaar gewesen.

Nach

(*) Lit Geschichte der Ev. Lutherischen Gemeine S. 106.

Nach meiner angenommenen Art zu rechnen, nemlich die Todten mit 28. zu multipliciren, als wovon ich oben die Ursach angezeigt, hätten 1120. lebendige Seelen da seyn müssen. So wären aber in diesem Jahr 1115. da, folglich ist hier eine Uebereinstimmung und Genauigkeit meiner Berechnungen, die nicht besser und schöner seyn könnte.

3. Ich will abermahl berechnen, wie stark die Gemeine seyn könnte, wenn nicht dem Heyrathen wichtige Hindernisse wären in den Weg gelegt worden. Nach der angenommenen Verhältnis von 110. hätten in den letztern 9. Jahren können 399. Ehen, 1795. Kinder, und 50260. lebendige Seelen zur Wirklichkeit kommen, so aber sind nur 324. Ehen 1303. Kinder und 43932. lebendige Seelen gewesen, folglich sind 75. Ehen, 492. Kinder und 6328. Seelen zur Existenz zu kommen verhindert worden.

Ach-

Achte Tabelle.

Zustand der Reformirten hochteutschen Gemeine von dem Jahr 1712 bis 1765.

	Geb.	Gest.	Ehep.	Leb.	Prop. der H.
1712–1720	778	762	136	21336	156
1721–1729	1110	838	209	23464	112
1730–1738	1208	⸲	211	⸲	⸲
1739–1747	1122	806	191	22568	118
1748–1756	1039	1008	194	28224	145
1757–1765	1027	1153	190	32284	169

Anmerkungen.

1. Obgleich die hochteutsche Reformirte Gemeine die älteste in Churpfalz ist; so ist doch ihr Wachsthum gar nicht beträchtlich. In dem ersten Zeitpunkt ist sie deswegen auch stärker, als die andere beyde, indem sie schon 21336. Seelen hat, da die Lutherische noch weit von dieser Zahl entfernet, und selbst die Catholische Gemeine bey 3000. schwächer ist. Nachhero aber ist ihr Fortgang so schwach, daß er kaum zu bemerken, und in den folgenden 45. Jahren hat sie sich nur um 10948. Seelen verstärket, da doch die Catholischen um 86716. lebendige, und die Lutherische in der nemlichen Zeit um 36604. zugenommen.

2. Die Ursache dieser so langsamen Vermehrung der Gemeine kommt bloß von der Seltenheit der Ehen her, die hier ausnehmend ist.

ist. In dem ersten Zeitraum entstand immer bey 156. lebenden eine Ehe, oder von 78. heyrathete einer. In dem zweyten, dritten, und vierten, wo man die Absicht gehabt, die Stadt zu bevölkern, siehet man zwar diese Proportion etwas geringer, niemalen kommt sie aber auf meine angenommene Proportion von 110. herunter. In dem fünften aber steigt dies Verhältnis wieder ausnehmend, und in dem letzten Zeitraum siehet man gar nur unter 169. eine Ehe entstehen, oder von 85. heyrathet einer.

3. Diese Reformirte Gemeine liefert uns also zwey Seltenheiten. Ihre eheliche Fruchtbarkeit ist so ausnehmend, daß sie nach der vierten Tabelle immer über 5. und einigemal fast auf 6. aufsteigt. Hingegen sind ihre Heyrathen so selten, daß sie nie bis auf 110. herunter gekommen, aber gar bis auf 170. aufgestiegen, zwey Bemerkungen

gen, die man vielleicht noch nie beysammen angetroffen. Woher mag dies wohl kommen?

4. Ich übergehe die französische Reformirte Gemeine, weilen sie gar zu klein ist, und aus deren Berechnungen keine Folgerungen gezogen werden können.

5. Ich will jetzo berechnen, wie stark diese Gemeine seyn könnte, wenn sie nach meinen angenommenen Verhältnis sich vermehret. Sie hätte können 293. Ehen, 1465, Kinder, und 41020. lebendige Seelen haben; so aber bestand sie nur aus 190. Ehen, 1027. Gebohrnen und 32284. Seelen: Folglich sind 103. Ehen, 341. Kinder und 8736. Seelen nicht zu Stand gekommen.

K Schluß-

Schluß=Folgerungen.

1. Die Bevölkerung eines Staats hängt also sowohl von der Fruchtbarkeit der Ehen, als auch von den häufigen Ehen ab. Beyde sind aber zwey verschiedene Sachen. Das letztere hängt von der Regierungs=Form ab, das erstere von dem Wohlstand der Bürger. Sie geben also auch die Maximen eines Staats und den Wohlstand der Bürger zu erkennen.

2. Können die Fruchtbarkeit der Ehen, oder die häufige Ehen das meiste zur Bevölkerung beytragen? — Wenn beyde beysammen sind, so kan es nicht fehlen, das Land muß in kurzem ungemein bevölkert werden. Aber wenn sie getrennet sind, so tragen die häufige Ehen mehr zur Bevölkerung bey, als die ausnehmende Fruchtbarkeit wenigerEhen.Denn diese letztere bringen eine

grosse Menge Menschen hervor, die wieder ledig, also zum Nutzen des Staats verlohren, absterben. Aber die erstere erzeugen zwar weniger Menschen, jeder wird aber zur Bevölkerung angelegt, und befördern also auf das gewisseste dieselbe.

3. Bey ausnehmend fruchtbaren Ehen läßt sich ganz natürlich auch auf die häufigen Ehen schliessen. Denn der Trieb, der die Ehen fruchtbar macht, reitzet auch zum heyrathen. Wenn sie also nicht beysammen sind, so kan man getrost auf politische Hindernisse schliessen, die diese vortrefliche Bande getrennet.

4. Handelt ein Staat wohl, der sich den natürlichen Trieben seiner Bürger widersetzet? Ich glaube, nein. — Im politischen Verstande betrachtet, verschmälert er die Einkünfte des Landes-Herrn, und beraubt ihn jener Reichthümer, die ihm

die innere Güte seines Landes anbietet. Denn jeder neuer Einwohner ist eine wahre Eroberung vor den Landes-Herrn. — Nach moralischen Aussichten befördert er die Laster der Hurerey, des Ehebruchs, des Kindermords: denn natürliche Triebe lassen sich nicht unterdrücken. Werden sie wohl geleitet, so hangt Segen und Wohlstand von ihnen ab. Wehe dem Lande, wo man sie ausschweifen läßt.

5. Ist Mannheim noch einer grösseren Bevölkerung fähig? So lange eine Stadt ihre Bedürfnisse noch anderwärts herziehen, und sich auswärtiger Hände zu ihrer Beschäftigung bedienen muß, ist sie arm an Einwohnern. Dies geschiehet aber in Mannheim, folglich fehlen uns Einwohner. — So bald aber eine Stadt nicht allein zu ihren eigenen Bedürfnissen Hände genug hat, sondern auch würklich mehr verarbeitet, als sie auswärts anbringen kan,

kan, so übersteiget sie das ihr zukommende Verhältnis von Einwohnern. — Mannheim ist von diesem Punkt so weit entfernet, daß es sich jetzo gar noch nicht gedenken läßt.

6. Ist Mannheim eine ungesunde Stadt? Viele werden sich wundern, diese Frage hier aufgeworfen zu sehen; aber ich weiß, daß dies Vorurtheil viele abgehalten, hier Bürger zu werden. — Die Tabellen beweisen, daß dies Vorurtheil von allen Zeiten ungegründet war; vielleicht von Nachbarn, über dieser Stadt ihren zukünftigen blühenden Zustand neidisch, ausgedacht. Wäre Mannheim damals so ungesund gewesen, die Zahl der Gebohrnen hätte in den drey ersten Zeiträumen die Todten nicht so weit übertroffen. In dem ersten waren 494. mehr gebohren, als gestorben; in dem zweyten kamen so gar 2477. mehr auf die Welt, als starben. In dem dritten erlauben die Män=

Mängel der Todten=Listen von der Reformirten Gemeine nicht, diesen Ueberschuß in ganzen Zahlen auszudrücken; bey der Catholischen und Lutherischen Gemeine ist aber der Ueberschuß noch beträchtlicher. Klare Beweise von der damaligen Gesundheit des Orts. Die Ursache, warum gegenwärtig die Todten die Gebohrnen übertreffen, habe ich angezeigt, sie ist warlich nicht in der ungesunden Lage der Stadt zu suchen.

Und trift nicht die Lage der Stadt hiemit überein? In einer angenehmen Pläne, zwischen 2. mächtigen Flüssen liegt diese schöne regelmäßige Stadt, deren Strassen so breit sind, daß nirgends Dünste, oder andere Ungemächlichkeiten grosser Städte hier Platz finden. Durch die vielen Wasserbäue sind die Flüsse in Schranken gehalten, und durch den anhaltenden Fleiß die Moräste ausser der Stadt fast alle ausgetrocknet. —

Das

Das Wasser, dem man so vieles zu Last legen will, ist vortreflich, selbst die Natur hat die Sorge übernommen, es zu reinigen. Die Stadt stehet auf einem Sand, überall, wo man gräbet, hat man Brunnenwasser, das aus einem reinen Sand hervorkommt, und dorten schon filtrirt ist. Das, was in Paris die so viele 1000. künstliche mit Sand gefüllte Maschinen bey dem Wasser der Seyne durch die Kunst bewürken müssen, dies thut hier der Boden der Stadt, und man darf nur seine Brunnen tief genug graben, und fleißig brauchen, so wird man das vortreflichste Wasser erhalten. — Mannheim ist also ein überaus gesunder Ort.

7. Wie stark könnte Mannheim seyn, wenn die politische Maximen wenigstens 110. Ehen erlaubt hätten? Denn in einer Stadt wo die Fruchtbarkeit der Ehen so

ausnehmend ist, kan man die Ehen gar leicht auf 90. setzen. Ich will aber annehmen, daß nur von 110. ein Ehepaar entstehen solle. — Nach diesem Verhältnis hätte sie in dem sechsten Zeitraum können 281689. Seelen haben, oder noch genauer zu bestimmen, so hätten in dem Jahr 1765. 31299. Seelen in Mannheim seyn können. So waren aber in dem Merz 1766. bey geschehener Zählung nur 24190. gegenwärtig, folglich ist sie in diesem Jahr an Einwohnern um 7109. geringer gewesen, als sie hätte eigendlich haben können. Ob 7109. oder vielmehr Lebendige mehr ein gleichgültiger Zuwachs seye, dies überläßt man dem Urtheil eines jeden Lesers.

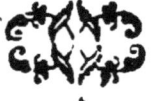